SICILIA, *acqua e* FARINA

W0380259

L'impasto è la più grande metafora della vita.
Nasce dalla madre (il lievito)
poi devi aspettare che «cresca» da solo
e poi quando sarà grande
troverà la sua strada...

Alessandro Siani

Dal programma *Giusina in cucina on the road* in onda su Food Network

© 2024 RCS MediaGroup S.p.A., Milano
Proprietà letteraria riservata

Fotografie
Giusi Battaglia

Foto di copertina e foto pagg. 11, 93, 110, 156, 172: Claudia Castaldi
Styling: Francesca Tanzini
Trucco: Marina Terzolo
Parrucco: Angela Russo

Art direction: Stefano Rossetti / PEPE *nymi*

Coordinamento editoriale
Irene Milazzo / PEPE *nymi*

Progetto grafico
Eleonora Tallarico / PEPE *nymi*
da un'idea di Giusi Battaglia

Impaginazione
Paola Convertino / PEPE *nymi*

ISBN: 978-88-309-0429-3
Prima edizione: ottobre 2024

GIUSI BATTAGLIA

SICILIA, acqua e FARINA

Viaggio tra i grandi
lievitati salati e **dolci**
della tradizione

CAIRO

SOMMARIO

PREFAZIONE 7

Lievitati salati

I grandi classici salati

Scacciata catanese 16
Sfincione di Bagheria 17
Focaccia messinese 18
Brioche salata ripiena 19
Pitoni 20
Rianata 21
Pizza di Erice 22
Cucche modicane 23
Calzoni fritti 24
Mitilugghie di Acate 25
Sfincione 25
Pane cunzatu 27
Pizzette fritte a sfincione 28
Grissini al sesamo 29
Pizza ai fichi 30
Pizza fritta alla siciliana 30

Gli imperdibili salati

Cartocciata 35
Sfincione di San Vito 39
Rosette 43

INTRODUZIONE 9

Focaccia con alici, pomodorini e caciocavallo 45
'Mbriulata 49
Scaccia nissena 53
Focaccia ripiena con pomodori secchi e tuma 57
Vastedda cu sammucu di Troina 59
Lumera di Noto 63
Muffolette 65
Guastedda ai carciofi 67
Faccia di vecchia 69
Scacciata messinese 73
Fuata nissena 75
Focaccia con salsiccia 77
Morbidoni 79
Sciavata di Menfi 81
Cabbucio 85
Impanate modicane 87
Pizza alla Norma 91
Siciliana di Zafferana Etnea 95
Rianella 99
Panini di cena 101
Cuddiruni di Lentini 103
Rizzuola 107

Tarallini 111
Brioche al latte di avena 113
Cuzzole 115
'Nfigghiulata 117
Pane in pentola 119
Pizza rustica madonita 123
Scaccia ragusana 125
Panini votivi di San Giuseppe 129
Pizza di cipolle e tuma 133

Lievitati dolci

I grandi classici dolci

Biscotti treccina 138
Biscotti ca liffia 139
Tetu e teio 140
Cassatelle di Agira 141
Cassata al forno 142
Treccine 143
Reginelle 144
Cartocci 145
Dolcetti di mandorla 146

Gli imperdibili dolci

Savoiardi 151
Crostata con frolla al cacao e marmellata di arancia 153
Rame di Napoli 155
Ciambella al limone 157
Viennesi messinesi 159
Torta di Luca e Marco 163
Pasta all'antica di Montelepre 165
Minne di Sant'Agata 169
Pipareddi 173
Biscottini al pistacchio 175
Settembrini 177
Pasticciotti di Lampedusa 181
Ravazzate dolci di Alcamo 185
'Mpanatigghi modicani 187
Pan brioche di ricotta e cioccolato 191
Biscotti algerini 193
Minni di virgini 195
Buccellatini 199
Nacatuli eoliani 203
Paste di Elena 205
Sbriciolata alla ricotta 207
Pasta forte 209
Biscotti al limone 211
Torta all'arancia 213
Biscotti ricci modicani 215
Ciarduna 217
Lulù messinesi 221
Torta di zucca e cioccolato 225
Biscotti di Monreale 227
Sfoglio delle Madonie 229
Plumcake al cioccolato 233
Biscotti di San Martino 235
Raviole 239
Accene di Alimena 243
Nacatuli di Bronte 245
Banana bread 249
Anicini 251
Iris al forno a modo mio 253

RINGRAZIAMENTI 255

A tutti voi che con cura, amore e dedizione
mi avete accompagnata fino a qui.

PREFAZIONE

Questo libro è il quarto di *Giusina in Cucina* e, dopo quattro anni, mi riporta proprio ai primi giorni in cui ha visto la luce questo bellissimo progetto.

I protagonisti sono Acqua e Farina, e proprio con acqua e farina, e l'impasto della rosticceria siciliana, è iniziato tutto.
Era marzo 2020 quando vidi su Instagram la foto della rosticceria siciliana di Giusi appena sfornata. A Milano, all'inizio di quella cosa che chiamavano pandemia, ho pensato: «Chissà quando potrò riassaggiarla!».
Le chiesi quindi ricetta e procedimento per portare, in quei giorni particolari, La Sicilia a Tavola.
Tutto molto semplice, come solo Giusi può rendere qualsiasi ricetta che ci racconta e ci fa scoprire, spingendoci inconsapevolmente a mettere le mani in pasta.
E la magia è avvenuta appena ho tirato fuori dal forno i miei primi pezzi di rosticceria. Un profumo che mi ha riportato subito nella mia amata Sicilia.
Una sensazione che avevo già provato quelle poche volte in cui, sempre a Milano, avevo incontrato Giusi. Sentirla parlare della nostra Sicilia mi faceva sentire a casa.

Per questo non ho esitato a chiederle di essere proprio lei l'ambasciatrice della cucina siciliana su Food Network.
Doveva riportare e portare in Sicilia non solo me. Quel *Viaggio in Sicilia*, attraverso i sapori e i racconti, era da condividere, perché, come recita il claim di Food Network, «insieme c'è più gusto!».
Un viaggio fatto di varie edizioni di *Giusina in Cucina*, delle *Seacily Editions*, di *Manciata di Sicilia*, di *On the road* e di *Ci vediamo al bar*.

E questo libro, a mio avviso, può essere visto proprio come una celebrazione di *Ci vediamo al bar*.
Un'idea nata poco dopo l'inizio di *Giusina in Cucina*, e per cui abbiamo fatto di tutto per vederla realizzata. Perché non si può raccontare la Sicilia senza raccontare i suoi bar. Luoghi di condivisione, che custodiscono storie, profumi e sapori.

E proprio i bar sono i posti ideali nei quali assaporare lievitati e dolci, protagonisti di questo libro, con cui Giusi, ancora una volta, ci porta in viaggio per la Sicilia, da Trapani a Siracusa, passando per i piccoli paesi dell'entroterra, senza tralasciare le isole.

Anche in questo libro non mancano comunque le ricette di casa sua, quelle della sua vita, che ben rappresenta la vita di tanti di noi, considerando i tanti fan, i tanti lettori e i tantissimi spettatori di *Giusina in Cucina*.
Una vita dove protagonista è il suo Amore per la cucina, quell'amore che l'amico Lello Analfino è riuscito anche a rendere in versi con la sigla *Amore e cucina*.

SICILIA, acqua e FARINA, nella sua unicità, racchiude, ma non chiude, i quattro bellissimi anni appena trascorsi, fatti di ingredienti senza tempo. Ingredienti che porteranno avanti questo racconto, e questo viaggio, ancora a lungo...

Gesualdo Vercio

INTRODUZIONE

Essere arrivata al quarto libro in quattro anni è motivo di immensa commozione. Grazie a voi, il sogno si rinnova. Se mi guardo indietro, non riesco quasi a pensare che tutto questo sia successo davvero, e soprattutto a me. Per questo libro, però, ho voluto un po' cambiare. Vi ho anche interpellati per sapere cosa vi sarebbe piaciuto trovare di più sul mio prossimo scritto, e devo dire che lievitati e dolci hanno avuto la meglio. Volevo solo la conferma, perché già da tempo in cuor mio vi volevo raccontare nel dettaglio il meraviglioso mondo dei lievitati salati (che in Sicilia sono il nostro biglietto da visita) e molti tra i dolci più rappresentativi. È chiaro che all'appello ne mancano tantissimi, ma la Sicilia offre continua ispirazione in fatto di ricette tradizionali e ho dovuto fare una selezione, scegliendo alcune tra quelle più amate da me e, spero, anche da voi. Per questo troverete una vera e propria guida con tanto di mappa dei luoghi di pizze, pani, scacce, vastedde, focacce, che rappresentano una città o un piccolo centro della mia Isola. Sono le mie versioni: non sono la tenutaria delle ricette perfette, non ho nozioni su tecniche di panificazione e pasticceria, ma vi posso solo garantire che potete fidarvi ciecamente, che sono ottime in termini di risultato. È questo il grande patto di fedeltà che ci unisce oramai da diverso tempo: le ricette sono provate e riprovate e, se seguite tutto, vi posso assicurare che porterete a tavola qualcosa di buono. Magari la prima volta vi verrà così e così, la seconda vi verrà bene e la terza sarà perfetta!!! Accade sempre questo, ve lo garantisco. Ho raccolto le ricette che ho e avete amato di più per fare un viaggio speciale, morbido, goloso e profumato attraverso dei piatti che sono davvero simbolici. Penso alla lumera di Noto, alle ravazzate dolci di Alcamo, alle siciliane di Zafferana Etnea, alle minne di Virgini di Sambuca di Sicilia, solo per citarne alcune. Troverete anche alcune ricette che avevo messo negli altri libri, ma le vedrete posizionate e strutturate in modo diverso. Mi piace pensare che siano un po' come gli amuse-bouche di un ristorante. Non li avete ordinati, ma sono la stuzzicante accoglienza che di solito vi riserva lo chef quando vi accomodate al tavolo. Questo è il mio benvenuto, perché in un libro che racconta un po' tutti i lievitati dolci e salati più iconici, non potevo non inserire i grandi classici, che vi ho già presentato in passato. Ci ho pensato tanto, se inserirli o meno, temevo che qualcuno potesse restarci male, in quanto erano ricette già edite. Poi alla fine ho detto: perché no? È un piccolo dono in più, per chi magari non ha tutti i libri e anche per chi li ha già, in modo da avere in un'unica soluzione le ricette più amate. Come sempre ho avuto molti dubbi sul titolo. Penso che sia troppo importante, perché rimane per sempre. Un libro è una testimonianza importante che sopravvive a noi stessi, quindi mi sono davvero scervellata per cercare in poche parole di sintetizzare ciò che c'è qui dentro. Ho scelto tre parole chiave: Sicilia, acqua e farina, perché sono i tre elementi imprescindibili di ogni ricetta che trovate qui. E sono tre ingredienti (sì, anche la Sicilia è un ingrediente, anzi l'INGREDIENTE) che mi accompagnano con semplicità e passione da sempre. Amo la trasformazione di acqua e farina, che, unite insieme, diventano pietanze meravigliose. Vi auguro un viaggio pieno di suggestioni, e spero possiate perdervi anche solo chiudendo gli occhi, tra il profumo delle rosette e dei pipareddi appena sfornati, immaginando un morso goloso della vastedda di Troina o ai ciarduna di Agrigento. Ho fatto qualche piccola digressione anche dalle parti di casa mia, dove ogni settimana sforno centinaia di tarallini pugliesi per la merenda dei bambini a scuola, e ho voluto condividere con voi una ricetta di una mia amica pugliese doc, la zia Rossi, che è davvero facilissima e soprattutto perfetta! Troverete le mie torte più amate, per la colazione o per le vostre ricorrenze, semplicissime ma morbide come una nuvola. Ritroverete sempre la stessa Giusina con il mio amore e tutta la mia grande passione per la cucina, per i lievitati e per la Sicilia. Questo è un viaggio che volevo fare con voi da tanto tempo e quindi vi consegno queste pagine, sperando possiate innamorarvi, così come lo sono io, di queste soffici e dolci ricette.

Lievitati SALATI

I GRANDI CLASSICI

SALATI

PITONI
PAG. 20
FOCACCIA MESSINESE
PAG. 18
SFINCIONE DI BAGHERIA
PAG. 17
MESSINA
GRISSINI AL SESAMO
PAG. 29
PIZZA AI FICHI
PAG. 30
CATANIA
SCACCIATA CATANESE
PAG. 16
ENNA
CALTANISSETTA
SIRACUSA
RAGUSA
MITILUGGHIE DI ACATE
PAG. 25
CUCCHE MODICANE
PAG. 23

Livello di **facilità**
Estremamente facile

SCACCIATA CATANESE

La cucina siciliana è una cucina povera, che ha come caratteristica il piatto unico, che si avvale di un elemento base come la pasta del pane arricchita con condimenti vari, ed è qui nel pane condito che probabilmente si deve cercare il passaggio che porta alle focacce, alle scacciate, alle pizze. La schiacciata siciliana oggi è diffusa in tutta la Sicilia con vari nomi: muffulettu, cabucio, cudduruni, fuazza. Quando la panificazione era ancora domestica, la scacciata veniva cotta velocemente sul pavimento del forno dopo che era stato ripulito dalle braci per fare posto al pane. Gli ingredienti erano diversi e variamente combinati tra loro: olio, fettine di aglio, pepe, pezzetti di acciuga o sarda salata, cipolla, formaggio pecorino grattugiato, dadini di caciocavallo, origano, verdure. Questa è la versione catanese, che tendenzialmente ha questi ingredienti.

INGREDIENTI x 4 persone

Per l'impasto: **500 g** di semola rimacinata di grano duro • **300 ml** di acqua • **5 g** di lievito di birra fresco (**2 g** se lievito secco) • **40 g** di strutto • **10 g** di sale • **1 cucchiaino** di malto | **Per il ripieno:** **50 g** di acciughe • **250 g** di tuma • **100 g** di olive nere • **500 g** di erbette o spinaci • **1 spicchio** di aglio • Olio evo qb

Sbriciolate lo strutto nella farina, quindi aggiungete l'acqua dove avrete sciolto precedentemente il lievito di birra con il malto. Lavorate a mano o con planetaria (utilizzate il gancio). Appena il vostro impasto sarà ben incordato, aggiungete il sale. Lasciate lievitare fino al raddoppio, ci vorranno almeno 2 ore. A parte, in una padella, sbollentate con due dita d'acqua le erbette, quindi ripassatele in padella con un filo di olio evo e uno spicchio d'aglio. Tagliuzzatele prima di utilizzarle nel ripieno. Appena l'impasto sarà lievitato, dividetelo in due, stendetelo con il matterello in due sfoglie sottili e mettete in una teglia unta d'olio uno dei due strati. Bucherellate e farcite con la tuma, le erbette, le acciughe e le olive nere. Chiudete con l'altro velo di impasto. Sigillate i bordi, bucherellate e spennellate con un mix di olio e acqua. Fate lievitare ancora un'oretta e poi infornate a 250 °C in modalità statica per una ventina di minuti.

Ogni famiglia catanese ha il proprio ripieno del cuore per quanto riguarda la scacciata: broccoli, carne, patate, e chi più ne ha, più ne metta. Sbizzarritevi e mi raccomando... non abbiate dogmi in cucina!

SFINCIONE DI BAGHERIA

Livello di **difficoltà**
Ottenere una bella pizza alta e spugnosa

Lo sfincione di Bagheria arriva prima del più famoso sfincione rosso, il classico, quello palermitano. Siamo nella metà del 1600, quando il principe Giuseppe Branciforte di Butera, dopo un grande fallimento della sua strategia politica (voleva ottenere il distacco della Sicilia dalla Spagna), si ritirò proprio a pochi chilometri da Palermo, dove attorno al suo fortino si sviluppò Bagheria. Non si fece mancare nulla per vivere da vero principe qual era e ovviamente, come la nobiltà imponeva, non poteva fare a meno dei monsù, i cuochi di corte che, arrivati dalla lontana Francia, divennero figure importanti, che ancora oggi dobbiamo ringraziare per i retaggi gastronomici che sono arrivati fino a noi. Il primo sfincione che proposero fu quello di San Vito (vedi pagina 39), ma poi decisero che era più giusto utilizzare le materie prime a km zero, come le acciughe, la tuma. Lo sfincione rosso, quello che tutti conosciamo, diventò un simbolo incontrastato, scalzando il fratello maggiore bagherese. Ma io lo amo moltissimo e quindi non potevo non riproporvelo anche qui.

INGREDIENTI x 4/6 persone

Per l'impasto: **400 g** di semola rimacinata di grano duro • **100 g** di farina di tipo 1 (o di tipo 0) • **350 ml** di acqua • **5 g** di lievito di birra fresco (**2 g** se lievito secco) • **8 g** di sale • **20 ml** di olio evo • **1 cucchiaino** di malto (o miele) | **Per il condimento:** **300 g** di tuma • **300 g** di ricotta di pecora • **150 g** di caciocavallo grattugiato • **400 g** di mollica di pane • **3** cipolle • **15 filetti** di acciughe • Origano qb • Olio evo qb • Sale qb • Pepe qb

Per preparare l'impasto, sciogliete il lievito nell'acqua fredda con un cucchiaino di malto, quindi, aggiungete la farina e iniziate a impastare. Appena il composto sarà ben incordato, aggiungete l'olio e il sale. Se lo volete maggiormente idratato, mettete un po' d'acqua in più. Fate lievitare per diverse ore. Almeno 6. Ogni ora andate a impastare nuovamente e fate le pieghe, quindi lasciate lievitare ancora. Questo procedimento vi regalerà un impasto morbido, soffice e alveolato. Io vi consiglio di impastare la mattina per la sera. O ancora meglio la sera prima. In questo caso, lasciate tutta la notte in frigo e alla mattina tiratelo fuori, rimpastatelo e tenetelo a temperatura ambiente, facendo tutto come descritto sopra.
Per il condimento, affettate le cipolle e fatele cuocere con acqua e olio per almeno una mezz'ora, aggiungete in cottura qualche acciuga. Dovranno risultare morbide e dorate. Togliete dalla padella. Nella stessa padella, ancora sporca, fate tostare la mollica di pane fresco frullata, fatela dorare, conditela con caciocavallo grattugiato, origano e pepe, e mettete da parte. Appena l'impasto sarà pronto, stendetelo

in una teglia (da 26 centimetri di diametro oppure 30x40). Tagliate la tuma a fette spesse 2 centimetri. Sistemate le acciughe rimaste sopra l'impasto con un po' d'olio, quindi adagiate la tuma e la ricotta a fette e la cipolla condita precedentemente. Finite il tutto con la mollica tostata, un giro d'olio e fate lievitare ancora mezz'ora in teglia. Una spolverata d'origano e infornate al massimo della potenza del forno, 250 °C, in modalità statica per 20/25 minuti.

La ricetta prevede la versione con la tuma, oppure la versione solo con la ricotta. Io la faccio con entrambe, perché trovo che insieme siano esplosive. Provatela!

Livello di **difficoltà**
Resistere alla tentazione di mangiarla prima di portarla a tavola

FOCACCIA MESSINESE

Questa ricetta è un dono che mi ha fatto il maestro Tommaso Cannata, che ha portato la sua arte a Milano, aprendo una bakery, I Compari, nel cuore della città. La focaccia messinese è tra i cibi di strada più amati dagli abitanti della città dello Stretto. Da moltissimi anni – la sua nascita è collocata intorno agli inizi del secolo scorso, ma conosce una diffusione di massa intorno alla seconda metà del Novecento – decine e decine di panifici sfornano fragranti e profumate teglie di focaccia che allietano il palato di tanti messinesi.
Come accade per molte ricette siciliane, la focaccia messinese trae origine da umili tradizioni popolari. La necessità di sfamarsi con i pochi ingredienti allora disponibili costringeva le massaie a recuperare quanto possibile. Le origini del prodotto, che verosimilmente all'inizio non prevedeva l'utilizzo del pomodoro, sono probabilmente più antiche, ma si ritiene che la ricetta abbia iniziato ad acquistare una sua fisionomia all'inizio del Novecento, per poi essere stabilizzata dai panificatori messinesi nella forma in cui la conosciamo oggi all'inizio del secondo dopoguerra. La forma tipica della focaccia messinese è squadrata. Nella zona dei Nebrodi al posto della tuma o della mozzarella è spesso utilizzata la provola locale, che costituisce un presidio Slow Food.

INGREDIENTI x 10 persone

Per l'impasto: **1 kg** di farina Maiorca • **650 ml** di acqua • **20 g** di strutto • **20 g** di malto in polvere • **20 g** di sale • **20 g** di lievito di birra fresco | **Per la farcitura:** **400 g** di tuma • **150 g** di pomodori ciliegino • **10 filetti** di acciughe dissalate • **1** scarola riccia piccola • Olio evo qb • Pepe nero qb

Mescolate la farina e il malto in polvere, quindi mettete in planetaria con l'80 per cento dell'acqua e il lievito. Impastate per qualche minuto (potete anche impastare a mano), poi unite lo strutto, il sale e il resto dell'acqua a filo. Continuate fino a ottenere un composto liscio. Tirate fuori dalla planetaria e lavorate ancora un po' con le mani sul piano. Oleate una ciotola e lasciate riposare per un paio d'ore in un luogo umido a 28 °C circa. Appena l'impasto è ben lievitato, poggiatelo su una teglia oleata (da 30x40 centimetri) e schiacciatelo con le mani per stenderlo fino a coprire tutta la teglia. Per la farcitura, mettete le acciughe a pezzettini, la tuma grattugiata, la scarola finemente tagliata e infine il pomodoro a pezzetti piccoli. Lasciate lievitare la focaccia condita ancora un'altra mezz'ora, aggiustate con un pizzico di sale e pepe e infornate in forno preriscaldato a 230 °C in modalità statica con il calore dal basso per 20 minuti.

La focaccia messinese può anche fare una lievitazione più lunga. Potete impastare la sera prima e mettere a lievitare in frigorifero. Tiratela fuori il giorno dopo e lavoratela fino a farla tornare a temperatura ambiente. Poi seguite le indicazioni come da ricetta.

BRIOCHE SALATA RIPIENA

Livello di **difficoltà**
Fare attenzione alla cottura per evitare di trovare l'interno crudo

Questa è stata una delle prime ricette che ho fatto in tv, perché era tra i miei ricordi più vivi. Pensate che, mentre scrivo, ne assaporo il profumo e il gusto. Una di quelle ricette che ti segnano per tutta la vita. Ricordo quando mia madre la comprava al panificio vicino a scuola e ce la proponeva quando voleva premiarci e fare un pranzo veloce, alternativo ma superbuono. Poi la cucinava anche lei e da allora, ovviamente, la ricetta è diventata anche la mia. Non potevo non metterla anche qui. Un libro sui lievitati senza questa ricetta è come un cannolo senza ricotta!

INGREDIENTI x 6 persone

Per l'impasto: **250 g** di farina manitoba • **250 g** di farina 00 • **50 g** di burro (o strutto) • **250 ml** di latte intero • **12 g** di lievito di birra fresco (in panetto) • **60 g** di zucchero • **5 g** di sale | **Per la farcitura:** **100 g** di prosciutto cotto • **200 g** di mozzarella • **2** pomodori per insalata • Qualche foglia di lattuga • Maionese qb | **Per guarnire:** **1** tuorlo • Latte qb • Sesamo qb

Sciogliete il lievito nel latte e aggiungete lo zucchero. Unite le due farine, il latte con il lievito, impastate bene, quindi mettete il burro, impastate ancora e aggiungete il sale. Lavorate bene il composto fino a raggiungere una consistenza morbida ma non collosa. Ci vorranno almeno 10 minuti. Lasciate lievitare per almeno 2 ore. Dopo la lievitazione, mettete in una teglia rotonda (22/24 centimetri di diametro, io uso quella a cerniera) ben imburrata. Con un pezzetto di impasto fate un cappuccio (tuppo) da mettere al centro dell'impasto e fate lievitare ancora per un'ora. Prima di metterla in forno, spennellate con il tuorlo e il latte e cospargete di sesamo. Cuocete per 30/35 minuti a 180 °C in modalità statica.

La farcitura classica a Palermo è questa, ma potete farcirla come più vi piace. Ottima anche con tonno, maionese e pomodoro. Ma anche dolce, con una crema al cioccolato, sarà perfetta. Chi è intollerante al lattosio, può usare una bevanda vegetale, riso, soia o avena. Verrà perfetta.

Livello di **difficoltà**
Fare attenzione alla chiusura prima di friggere

PITONI

Insieme alla focaccia, il pitone o pidone messinese è il re incontrastato della gastronomia della città dello Stretto. I cugini messinesi ne vanno orgogliosi e ne hanno tutte le ragioni. Penso che il pidone abbia un fascino diverso da tutti i panzerotti siciliani. Croccante, leggero, con un ripieno speciale. Non vi venisse in mente di andare a Messina e di non provarlo almeno una volta, appena fritto, mi raccomando! Però, se seguirete questa ricetta, che è del maestro Cannata, sono sicura che chiudendo gli occhi vi troverete davanti al mare con il cuore e l'anima carichi di meraviglia.

INGREDIENTI x 10/15 persone

Per l'impasto: **1 kg** di farina 00 • **470 ml** di acqua • **2 g** di lievito di birra fresco • **50 g** di strutto • **10 g** di sale | **Per la farcitura:** **300 g** di tuma • **200 g** di pomodorini maturi • ½ scarola riccia • **10/15** acciughe | **Per friggere:** Olio di semi qb per friggere

Mettete in ciotola o in planetaria (utilizzate il gancio) la farina con lo strutto e impastate per qualche minuto. Unite quindi l'acqua con il lievito e continuate a lavorare. Per ultimo, aggiungete il sale. Quando l'impasto sarà bello liscio, fate

riposare per circa 20 minuti, poi formate delle palline da circa 80 grammi, coprite e mettete in frigo per almeno 12 ore.
Dopo la lievitazione, stendete le palline con uno spessore di qualche millimetro, mettete al centro dei pezzetti di acciughe dissalate o sott'olio, la tuma, la scarola riccia tagliata finemente e qualche pezzetto di pomodoro maturo asciutto. Prendete un lembo della sfoglia e appoggiatelo sull'altro, facendo una mezzaluna, e sigillate i lembi con i rebbi di una forchetta pigiando bene. Friggete in olio di semi ben caldo (170 °C circa) per immersione. Servite caldi.

Esiste anche una versione senza lievito, denominata con «impasto a vento». E c'è anche chi non usa i pomodorini. Voi fate come più siete ispirati!

Livello di **difficoltà**
«Scozzolare» l'origano

RIANATA

La rianata trapanese è il simbolo gastronomico legato indissolubilmente al territorio della provincia di Trapani. Pensate che il comune di Marsala l'ha registrata come prodotto De.C.O. (denominazione comunale di origine). Prende il suo nome da «rieno», che in siciliano vuol dire «origano». È l'orgoglio di Trapani e della sua provincia, non si può non passare da lì senza assaggiarne un pezzo. Sembra che la prima rianata sia opera della pizzeria Calvino, che nasce a Trapani nel 1946 e che ancora è meta di golosi, che vogliono provare questa pizza speciale. In attesa di andare sul posto, provate a farla voi. Perché è una meraviglia.

INGREDIENTI x 6 persone

Per l'impasto: **800 g** di semola rimacinata di grano duro • **200 g** di farina 00 • **650 ml** di acqua • **40 ml** di olio evo • **5 g** di lievito di birra fresco • **15 g** di sale • **1 cucchiaino** di malto (o miele) | **Per condire:** **400 g** di polpa di pomodoro • **100 g** di pecorino grattugiato • **10** acciughe • **4/6 spicchi** d'aglio • **1 mazzetto** di prezzemolo • Origano qb

In una ciotola capiente sciogliete il lievito con un po' d'acqua, aggiungete un cucchiaino di malto (o miele), quindi la farina e a poco a poco anche l'altra acqua. Appena l'impasto sarà incordato, unite il sale e l'olio. Mescolate con un cucchiaio di legno in modo da creare un impasto che risulterà appiccicoso. Fate riposare una mezz'oretta e rimpastate sempre con il cucchiaio. Ripetete quest'operazione almeno un paio di volte nell'arco di 2/3 ore. Appena l'impasto sarà lievitato bene, trasferitelo su un piano con della farina e fate le classiche pieghe. Fate lievitare ancora un'oretta, quindi rilavoratelo facendo ulteriori pieghe. Realizzate i panetti. È una pizza mediamente alta, quindi con questo quantitativo potete ottenere due belle teglie da 30x40 centimetri. Fate lievitare ancora per un paio d'ore, quindi il vostro impasto sarà pronto per essere messo in teglia. Stendetelo in una teglia ben oleata, mettete l'aglio, le acciughe, il pomodoro, il pecorino, l'origano e il prezzemolo tritato. Infornate a 250 °C, in modalità statica, per 15 minuti, nella parte bassa del forno.

Questa pizza è una delizia così. Se non amate l'aglio e l'origano, purtroppo non è la vostra. Se per voi (come per me) non esiste pizza senza mozzarella, date un'occhiata più avanti... vi stupirò con la rianella!

Livello di **facilità**
Estremamente facile

PIZZA DI ERICE

Questa è una pizza focaccia, molto antica. E proprio per questo è senza fronzoli. Non c'è nessun tipo di condimento, a parte delle deliziose erbe aromatiche. Una pizza che si può gustare al posto del pane o che potete utilizzare come perfetto accompagnamento di salumi e formaggi. Io la mangio così «schitta», ovvero senza nulla. Mi piace sentire il profumo del rosmarino e dell'origano. Provatela!

INGREDIENTI x 6 persone

Per l'impasto: **400 g** di semola rimacinata di grano duro • **100 g** di farina 00 (oppure 0 o 1) • **350 ml** di acqua • **5 g** di lievito di birra fresco • **20 ml** di olio evo • **15 g** di sale • **1 cucchiaino** di malto | **Per il condimento:** Origano qb • Rosmarino qb • Aglio tritato qb • Olio evo qb • Sale qb • Pepe qb

Si può impastare a mano o in planetaria. Io ho usato la planetaria con il gancio per impasti. Sciogliete il lievito in una parte dell'acqua, unite il malto, la farina e la restante acqua a poco a poco e impastate. Appena l'impasto sarà incordato, aggiungete il sale e l'olio. Continuate a lavorare, fino a ricavare un composto sodo e liscio, e mettete a lievitare fino al raddoppio. Non appena avrà raggiunto la giusta lievitazione, stendetelo in una teglia abbastanza grande (da 30x40 centimetri) e condite con origano, rosmarino, aglio tritato, olio, sale e pepe. Cuocete in forno a 250 °C per 15 minuti.

Se volete fare una vera e propria focaccia, appena pronta, lasciate raffreddare e tagliate a metà con un coltello a seghetto. Farcite a vostro piacimento.

CUCCHE MODICANE

Livello di **difficoltà**
Arrotolare le cucche!

Un impasto semplice e goloso, grazie al ripieno: signore e signori, ecco a voi le cucche! Sono molto diffuse a Modica e nel ragusano ma anche a Siracusa. Diciamo che sono molto rappresentative tra i lievitati della Sicilia orientale. Il nome deriva probabilmente dalla parola «accucchiare», che vuol dire «mettere insieme». Si preparavano quando si faceva il pane, per utilizzare al meglio i rimasugli dell'impasto e creare qualcosa di sostanzioso per gli uomini che andavano a lavorare la terra.

INGREDIENTI x 6 persone

Per l'impasto: **500 g** di semola rimacinata di grano duro • **10 g** di sale • **20 ml** di olio evo • **10 g** di lievito di birra fresco • **200 ml** di acqua | **Per la farcitura:** **300 g** di salsiccia fresca • **400 g** di formaggio tipo Ragusano, provola, tuma o primo sale

Sciogliete il lievito nell'acqua e versatelo a poco a poco nella farina. Impastate bene, quindi unite l'olio evo e il sale. Fate lievitare fino al raddoppio. Preparate il ripieno tagliando a cubetti il formaggio e sbriciolando la salsiccia. Stendete con il matterello l'impasto, ricavate delle strisce di pasta larghe circa 30 centimetri, farcite con il formaggio e la salsiccia e arrotolatele su sé stesse. Mettetele in una teglia con carta forno, spennellate la superficie con un po' di olio e infornate a 250 °C in forno statico per circa 20 minuti.

Se vi piace l'idea di questo fagottino ripieno, potete sbizzarrirvi con il ripieno che più vi piace. Ottimo anche il salame al posto della salsiccia.

Livello di difficoltà
Estremamente facile

CALZONI FRITTI

Il calzone è il mio pezzo di rosticceria preferito. Non lo nego. Lo potrei mangiare sempre, ogni giorno, e non mi stuferebbe mai. La versione che amo di più è proprio questa, fritta. Una frittura asciutta, che regala una fantastica consistenza che mi fa venire l'acquolina in bocca, anche adesso mentre scrivo. Alcuni amici che vengono spesso a cena a casa mia, oramai lo vogliono trovare sempre... non posso non prepararne almeno una trentina ogni volta. I calzoni sono sempre i primi a finire, e io ne sono felice e orgogliosa. Anche loro non potevano non esserci in questa piccola raccolta dei magici lievitati siciliani.

INGREDIENTI x 4 persone

Per l'impasto: **500 g** di farina 00 • **50 g** di strutto • **40 g** di zucchero • **15 g** di lievito di birra fresco • **15 g** di sale • **250 ml** di acqua | **Per la farcitura:** **400 g** di prosciutto cotto • **3** mozzarelle | **Per friggere:** Olio di semi di girasole

Impastate a mano o in planetaria, mettendo prima lo strutto con la farina, in modo da fare amalgamare al meglio i due ingredienti, quindi unite a filo l'acqua tiepida, in cui prima avrete sciolto il lievito. Aggiungete lo zucchero e impastate fino a ottenere un composto sodo, quindi per ultimo mettere il sale. Lasciate in un luogo lontano da correnti d'aria fino al raddoppio. Occorreranno un paio d'ore. Appena l'impasto sarà pronto, dividetelo in pezzi di circa 80/90 grammi, spianateli a mano o con il matterello, farciteli con mozzarella (fatela scolare bene prima) e prosciutto cotto, e chiudete a mezzaluna. Per far aderire i due lembi di pasta, bagnate uno dei bordi con l'acqua. Fate riposare qualche minuto, quindi scaldate l'olio di semi a 160/170 °C e friggete. Devono dorarsi bene. Scolate su carta assorbente e servite.

Lo stesso impasto potete utilizzarlo per farli al forno. Seguite lo stesso procedimento, ma prima di infornare spennellate con tuorlo e latte e cospargete con il sesamo. Cuoceteli a 200 °C per 20 minuti.

MITILUGGHIE DI ACATE

Livello di **facilità**
Estremo

La mitilugghia è un antipasto tipico siciliano, in particolare del paesino di Acate, in provincia di Ragusa, dove ogni anno si svolge la Sagra della mitilugghia. Acate va orgogliosa di questo delizioso lievitato, che ha origini molto antiche. Sembra che le donne che facevano il pane, in attesa che il forno a legna si scaldasse per la cottura, prendessero dei pezzetti di impasto insieme ai bambini, li allargassero un po' e li frigge ssero per avere subito da mangiare qualcosa di sfizioso e gustoso. Si usava mangiarlo salato con pomodori secchi e olive o formaggio.

INGREDIENTI x 10 persone

Per l'impasto: **500 g** di semola rimacinata di grano duro • **300 ml** di acqua • **20 ml** di olio evo • **10 g** di lievito di birra fresco • **15 g** di zucchero | **Per friggere:** Olio di semi qb | **Per condire:** Origano qb • Sale qb

Sciogliete il lievito con l'acqua e lo zucchero e impastate con la farina. Appena l'impasto inizia a sviluppare la maglia glutinica, unite l'olio, quindi aggiungete il sale e fate lievitare fino al raddoppio. Formate tante palline e stendetele sulla spianatoia infarinata formando tanti dischi sottili del diametro medio di una decina di centimetri. Friggete le mitilugghie in padella con abbondante olio di semi ben caldo. Quando sono dorate scolate e servite con origano e sale.

Sono un ottimo accompagnamento per un antipasto a base di salumi e formaggi. Molto buone anche da mangiare dolci con una spolverata di zucchero semolato e miele.

SFINCIONE

Livello di **difficoltà**
Resistere a non mangiarlo prima di metterlo a tavola

Il re dei lievitati palermitano è senza dubbio lui. Se siete arrivati fino a qui, e avete già letto la parte precedente, avrete scoperto che lo sfincione, che oggi è diventato famoso in tutto il mondo, arriva tardi rispetto alla prima versione dello sfincione di San Vito e a quella di Bagheria. Lo sfincione è inserito nella lista dei prodotti agroalimentari tradizionali italiani del ministero dell'Agricoltura. Un vero e proprio simbolo che ci invidiano in tutto il mondo. Pensate che anche in America ne hanno fatto una versione, la «tomato pie», che differisce pochissimo dalla nostra. Molti di voi lo conoscono già, ma in questo libro non poteva proprio mancare!

INGREDIENTI x 10 persone

Per l'impasto: **800 g** di semola rimacinata di grano duro • **200 g** di farina 00 • **700 ml** di acqua • **20 ml** di olio evo • **15 g** di sale • **5 g** di lievito di birra fresco • **1 cucchiaino** di malto | **Per il condimento:** **50 g** di acciughe • **200 g** di caciocavallo • **250 g** di estratto di pomodoro • **4** cipolle bianche • **1 cucchiaino** di zucchero • Sale qb • Pangrattato qb • Olio evo qb • Origano qb

Per la salsa di pomodoro con le cipolle

Tagliate le cipolle a fette, mettetele a cuocere per un'oretta con pochissima acqua e un filo d'olio, aggiustate con un pizzico di sale. Dopo che saranno ben cotte, aggiungete l'estratto di pomodoro sciolto in una tazza di acqua tiepida, condite con sale, pepe e zucchero, e fate cuocere ancora per 20 minuti. Il sugo può essere lasciato così, con la cipolla intera oppure frullato.

Per l'impasto

Sciogliete il lievito nell'acqua e aggiungete il malto. Unite le farine e iniziate a impastare. Aggiungete olio e sale. Lavorate bene, fino a ottenere un composto morbido. Prepararlo un giorno prima vi permetterà di avere un lievitato perfetto, digeribile e morbido. Io impasto la sera prima e tengo in frigorifero coperto da pellicola. Dopo circa 12 ore, lo tiro fuori dal frigo, rimpasto e lascio lievitare ancora 3/4 ore a temperatura ambiente. Prima di stenderlo in teglia, mettetelo sul piano, fate le pieghe e lasciate riposare per un'oretta. Quindi oleate una teglia (da 30x40 centimetri), stendetelo e condite con le acciughe e il caciocavallo a dadini infilzati nell'impasto. Quindi distribuite la salsa di pomodoro con la cipolla in abbondante quantità fino a coprire l'intera teglia. Spolverate con pangrattato e origano. Fate lievitare così per una mezz'oretta, quindi irrorate con olio evo e cuocete in forno caldo a 220 °C per 15 minuti.

Questo tipo di preparazione così lunga è consigliata per un risultato ottimale, perché l'impasto deve risultare morbido e spugnoso. Chi non può avere questi tempi, può anche lasciare lievitare per 6/8 ore dopo avere impastato e magari aumentare un po' la dose del lievito. Per la salsa, io qui ho deciso di usare l'estratto di pomodoro, voi potete anche usare la salsa di pomodoro.

PANE CUNZATU

Livello di **difficoltà**
Tagliare i pomodori!

Il pane cunzatu è il pane condito, ovvero uno dei cibi di strada più buoni conosciuto in tutta la Sicilia e in particolare nella zona del trapanese che va da Scopello a Castellammare del Golfo. La tradizione vuole che venga farcito con abbondante olio evo, primosale, pomodori, origano e acciughe sott'olio. Sono tante le varianti che si ritrovano nei territori della Sicilia. Nella città dello Stretto per il pane cunzatu alla messinese si utilizzano i pomodori secchi e le melanzane sott'olio, mentre, se vi spostate sull'isola di Salina, si aggiungono ricotta infornata, cucunci, mandorle e aceto.

INGREDIENTI x 4 persone

Per l'impasto: **400 g** di semola rimacinata di grano duro • **100 g** di farina 00 • **2 g** di lievito di birra fresco • **350 ml** di acqua • **10 g** di sale • **1 cucchiaino** di malto | **Per il condimento del pane:** **100 g** di acciughe sott'olio • **150 g** di primosale o tuma • **2** pomodori maturi • Olio evo qb • Origano qb • Sale qb

Fate un pre-impasto con il lievito, 100 grammi di farina 00, 100 millilitri di acqua e il malto. Mescolate bene e fate riposare per un'ora a temperatura ambiente. Quindi mettete in frigorifero per 12 ore. Tirate fuori dal frigo e unite il resto della farina di semola e il resto dell'acqua. Aggiungete il sale e impastate ancora per avere un composto elastico e ben asciutto. Fate lievitare per un paio d'ore e ogni mezz'ora andate a fare delle pieghe e rilavoratelo. Trascorso il tempo, ricavate delle forme a filone, utilizzando circa 300 grammi di impasto. Mettete ancora a lievitare fino al raddoppio del volume. Prima di mettere in forno, effettuate dei tagli sulle forme, cospargete con un po' di semola e infornate a 220 °C per circa 20 minuti. Appena pronte, farcite con il pomodoro, condito con sale e origano, acciughe, primosale o tuma a fette e olio evo.

Il pane cunzatu si può anche fare solo con pomodoro, acciughe e olio. Basta usare ingredienti di prima qualità.

Livello di **difficoltà**
Resistere a non mangiarne più di una

PIZZETTE FRITTE A SFINCIONE

Questa ricetta nasce in una giornata in cui mi era avanzato un po' di impasto di pizza e avevo ospiti a cena. Invece delle montanare, che i miei ospiti conoscevano già, ho pensato di regalare alla tavola una ventata di sicilianità facendo queste pizzette fritte a sfincione. Onestamente, nulla di particolarmente geniale, ma è stata una bellissima alternativa che continuo a proporre spesso.

INGREDIENTI x 10 persone

Per l'impasto: 300 g di semola rimacinata di grano duro • 200 g di farina 00 • 300 ml di acqua • 20 ml di olio evo • 10 g di sale • 1 cucchiaino di malto • 4 g di lievito di birra fresco | **Per la farcitura:** 50 g di acciughe • 200 g di caciocavallo o provolone • 300 ml di passata di pomodoro • 3 cipolle bianche • Olio evo qb • Origano qb | **Per friggere:** Olio di semi (arachide o girasole) qb

Per il condimento
Tagliate le cipolle a fette, mettetele a cuocere per almeno un'ora con acqua e olio, aggiustate con un pizzico di sale. Dopo che saranno ben cotte, aggiungete la salsa di pomodoro (potete anche usare solo il concentrato, circa 200 grammi), condite con sale, pepe e zucchero, e fate cuocere ancora per una mezz'ora abbondante; prima della fine della cottura aggiungente le acciughe. Il sugo può essere lasciato così, con la cipolla intera oppure frullata.

Per l'impasto
Sciogliete il lievito nell'acqua a temperatura ambiente e aggiungete il malto. Unite la farina e iniziate a impastare. Aggiungete il sale e l'olio evo. Lavorate bene fino a ottenere un composto morbido. Potete usare la planetaria o impastare a mano. Fate lievitare per un paio d'ore, quindi rimpastate facendo le pieghe. Ripetete questa pratica un paio di volte. Verrà una pasta leggerissima e molto morbida. Appena terminato il processo di lievitazione, prendete dei piccoli pezzetti di impasto, allargateli con le mani, cercando di fare delle forme rotonde e sottili, e tuffatele nell'olio di semi caldo. Fate dorare bene, scolate e adagiate nella carta assorbente. Quindi condite con la salsa di cipolle, grattugiate del caciocavallo e spolverate con l'origano.

Quando fate le forme, cercate di creare una sorta di incavo nell'impasto, prima di mettere in cottura, così poi la pizzetta sarà perfetta per accogliere il condimento. Non fatele troppo grandi... sono più facili da mangiare se piccoline.

GRISSINI AL SESAMO

Livello di **facilità**

Molto facile!

Che ricordi questi grissini! A casa mia non mancavano mai. Ogni volta che si andava in panificio, si prendeva sempre un sacchetto di grissini e uno di briochine. Diciamo che a casa nostra i carboidrati non sono mai mancati... e si vede!!!! Ma ogni cosa che sia simile al pane e alla pizza mette solo tanta gioia, e a me piace essere felice. Quindi, quando la vita vi volta seppur momentaneamente le spalle, con una giornata no, andate a impastare. Il cuore e la mente ne trarranno beneficio.

INGREDIENTI x 8 persone

Per l'impasto: **400 g** di semola rimacinata di grano duro • **100 g** di farina 00 • **10 g** di lievito di birra fresco • **150 g** di strutto • **200 ml** di acqua • **10 g** di sale • **1 cucchiaino** di zucchero • Olio evo qb | **Per guarnire:** Acqua qb • Sesamo qb

Impastate le farine con lo strutto, quindi unite l'acqua fredda in cui avete disciolto il lievito con un cucchiaino di zucchero. Impastate fino all'ottenimento di un composto elastico e omogeneo, poi trasferitelo su una spianatoia spolverizzata con la farina. Create un rettangolo di pasta, spennellatelo con l'olio evo e lasciate lievitare per almeno un'ora, fino a quando l'impasto risulterà raddoppiato.
Tagliate l'impasto prendendone una striscia, fate una pallina e poi allungatela con le mani su un piano, fino a raggiungere la lunghezza desiderata. Vi consiglio di farli un po' più sottili, perché crescono in cottura. Bagnateli velocemente in una terrina colma d'acqua, quindi passateli nel sesamo. Disponete i grissini su una teglia ricoperta di carta forno e fateli cuocere in forno a 200 °C per circa 15/20 minuti fino a quando saranno dorati.

Il sesamo è l'elemento caratteristico dei grissini palermitani, se non lo avete potete ometterlo. Nel caso, cospargeteli con un po' di semola, prima di metterli in forno.

Livello di **difficoltà**
Trovare i fichi freschi

PIZZA AI FICHI

Ho provato per la prima volta questa pizza in un ristorante a Palermo e non pensavo che mi potesse piacere così tanto. E invece è stato amore a prima vista. Non so dirvi cosa mi piace di più, forse la mia grande passione per l'accostamento del dolce (fichi) con il salato del prosciutto crudo. Io la trovo speciale. Aspetto di sapere cosa ne pensate voi.

INGREDIENTI x 4 persone

Per l'impasto: **500 g** di farina 00 • **300 ml** di acqua • **3 g** di lievito di birra fresco • **20 ml** di olio evo • **15 g** di sale • **1 cucchiaino** di malto | **Per il condimento:** **400 g** di fichi freschi • **250 g** di tuma • **100 g** di prosciutto crudo

Sciogliete il lievito nell'acqua, quindi aggiungete il malto e la farina in planetaria, iniziate a impastare e unite l'olio e il sale. Create un composto sodo e mettete a riposare fino al raddoppio. Se avete tempo, rilavorate e impastate, e fate lievitare ancora una volta. Non appena l'impasto sarà pronto, stendetelo in una teglia, mettete i fichi freschi e grattugiate sopra abbondante tuma. Infornate e portate a cottura: cuocerà in 10 minuti a 250/270 °C con il calore proveniente dal basso. A cottura ultimata, unite anche il prosciutto crudo.

Se non è periodo di fichi freschi, utilizzate una buona confettura di fichi. Regalerà una bella cremosità e il contrasto con la sapidità del prosciutto crudo sarà una grande esplosione nel palato.

Livello di **difficoltà**
Non fare aprire la pizza in cottura

PIZZA FRITTA ALLA SICILIANA

Anche in Sicilia abbiamo la nostra pizza fritta. Famosa quella napoletana, meno nota questa, ma degna di attenzione. Ho trovato per la prima volta questa ricetta in un appunto sbiadito di mia madre e ho voluto subito rifarla. Mi ha colpito la semplicità del ripieno, con quei pezzetti di erba cipollina che regalano un sapore particolare al morso. Provatela se avete voglia.

INGREDIENTI x 10 persone

Per l'impasto: **400 g** di semola rimacinata di grano duro • **200 g** di farina 00 • **400 ml** di acqua • **5 g** di lievito di birra fresco • **1 cucchiaino** di miele • **8 g** di sale • Pepe qb | **Per la farcitura:** **400 g** di tuma • **500 g** di filetti di alici • **1 mazzetto** di erba cipollina | **Per friggere:** Olio di semi qb

Si può scegliere di impastare a mano o in planetaria. Io per questa ricetta ho utilizzato la planetaria: sciogliete il lievito nell'acqua a temperatura ambiente, quindi mettete nel boccale, aggiungete il miele e le farine. Impastate bene fino a ottenere un composto sodo, poi aggiungete il sale e continuate a impastare. Lasciate lievitare l'impasto ottenuto per un paio d'ore fino al raddoppio. Una volta pronto, ricavate delle pagnotte di circa 150 grammi e fate lievitare ancora un'altra mezz'ora. Al termine della lievitazione stendete le pagnotte con il matterello, farcitele con la tuma, l'erba cipollina tagliata a piccoli pezzettini e le alici. Chiudete con un altro cerchio d'impasto, sigillando bene i bordi con dell'acqua, se necessario. Friggete le pizze ripiene in olio di semi bollente fino a completa doratura.

PANINI VOTIVI DI SAN GIUSEPPE
PAG. 129
BRIOCHINE AL LATTE DI AVENA
PAG. 113
ROSETTE
PAG. 43
FACCIA DI VECCHIA
PAG. 69
RIZZUOLA
PAG. 107
PIZZA RUSTICA MADONITA
PAG. 123
SFINCIONE DI SAN VITO
PAG. 39
PALERMO
RIANELLA
PAG. 99
TRAPANI
FOCACCIA RIPIENA CON POMODORI SECCHI E TUMA
PAG. 57
PIZZA ALLA NORMA
PAG. 91
GUASTEDDA AI CARCIOFI
PAG. 67
FOCACCIA CON SALSICCIA
PAG. 77
TARALLINI
PAG. 111
CABBUCIO
PAG. 85
SCIAVATA DI MENFI
PAG. 81
AGRIGENTO
MUFFOLETTE
PAG. 65
'NFIGGHIULATA
PAG. 117
GLI IMPERDIBILI
SALATI
FUATA NISSENA
PAG. 75
SCACCIA NISSENA
PAG. 53

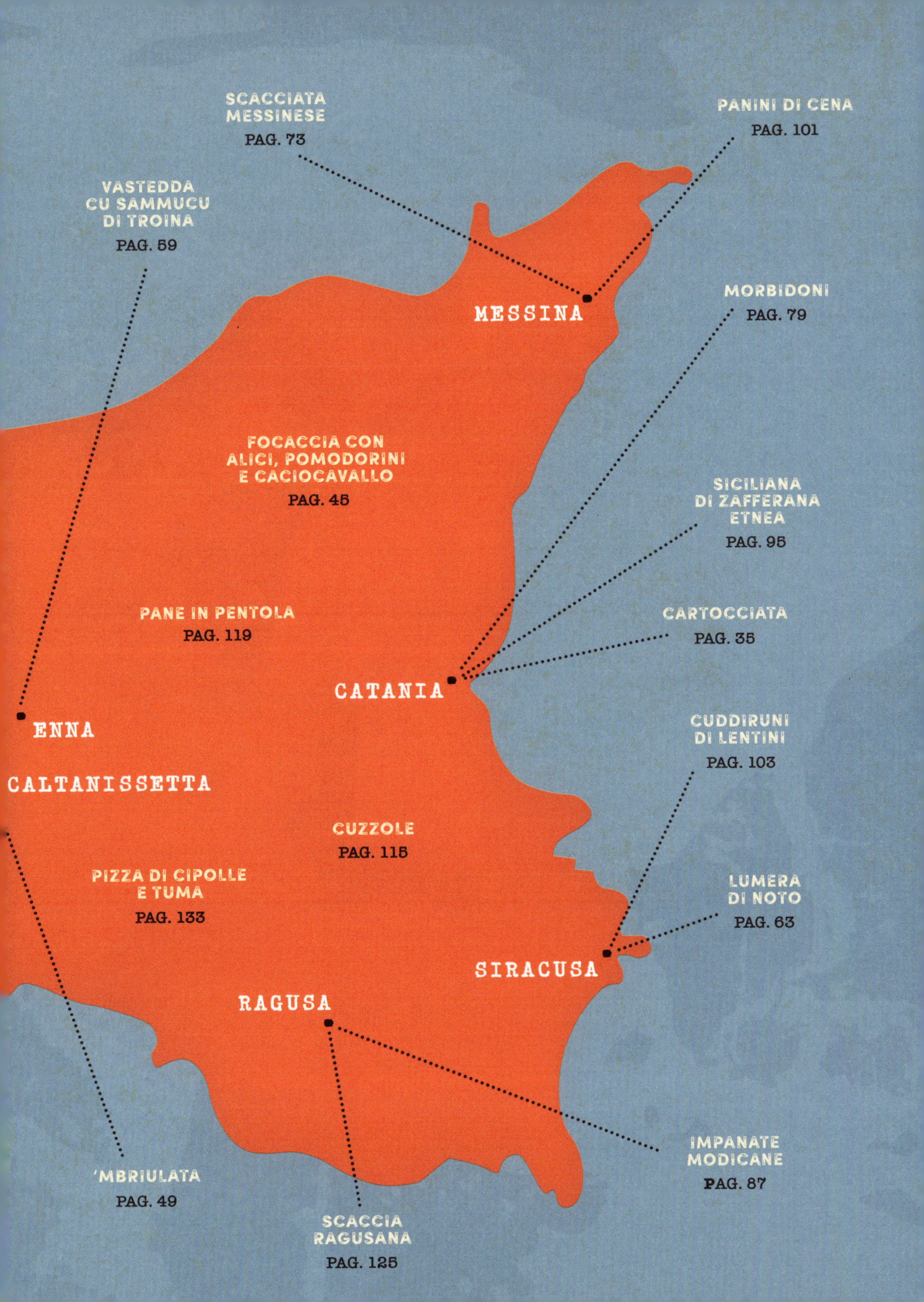
SCACCIATA MESSINESE
PAG. 73
PANINI DI CENA
PAG. 101
VASTEDDA CU SAMMUCU DI TROINA
PAG. 59
MESSINA
MORBIDONI
PAG. 79
FOCACCIA CON ALICI, POMODORINI E CACIOCAVALLO
PAG. 45
SICILIANA DI ZAFFERANA ETNEA
PAG. 95
PANE IN PENTOLA
PAG. 119
CARTOCCIATA
PAG. 35
CATANIA
ENNA
CUDDIRUNI DI LENTINI
PAG. 103
CALTANISSETTA
CUZZOLE
PAG. 115
PIZZA DI CIPOLLE E TUMA
PAG. 133
LUMERA DI NOTO
PAG. 63
SIRACUSA
RAGUSA
IMPANATE MODICANE
PAG. 87
'MBRIULATA
PAG. 49
SCACCIA RAGUSANA
PAG. 125

ino in cucina

CARTOCCIATA

Livello di **difficoltà**
Troppo buone per non farle

Quest'anno sono stata diversi giorni a Catania, perché ho girato lì la seconda edizione del mio adorato programma *Ci vediamo al bar* insieme a Paolo Briguglia, e ho fatto delle vere e proprie scorpacciate di rosticceria. La cartocciata è la mia preferita in assoluto, perché mi riporta al mio amatissimo calzone. Ve la propongo con un gusto molto buono, che io ho preferito agli altri. La versione classica ha un ripieno abbastanza standard, mozzarella, prosciutto, olive e pomodoro, oppure anche con le melanzane, ma ovviamente poi si dà spazio alla fantasia e si può farcire come si gradisce di più. Questa è quella con gli spinaci: la amo.

PREPARAZIONE

Sciogliete il lievito nell'acqua e lasciate da parte.
In una ciotola mettete la farina e lo strutto e mescolate bene. Potete usare la planetaria o fare a mano. Unite l'acqua con il lievito alla farina, quindi lo zucchero e impastate. Appena l'impasto è incordato, aggiungete il sale. Impastate per almeno 10 minuti, sia che si tratti di planetaria sia che stiate impastando a mano. Mettete a lievitare fino al raddoppio.
Sbollentate gli spinaci con due dita d'acqua e aggiustate di sale. Non appena cotti, strizzate bene e tagliate a pezzetti.
Prendete dei pezzi di impasto da 80 grammi e stendeteli con il matterello. Farciteli al centro con prosciutto cotto, spinaci e formaggio, e chiudetene i lembi verso il centro. Se necessario, bagnate uno dei due lembi con acqua per fare attaccare bene l'impasto. Fate riposare ancora mezz'ora. Quindi, prima di infornare, spennellate con tuorlo e latte, e cuocete in forno statico a 200 °C per 20/25 minuti.

INGREDIENTI

Per 10/12 pezzi

PER L'IMPASTO:

250 g di farina 00
250 g di farina manitoba
50 g di strutto
40 g di zucchero
15 g di lievito di birra fresco
15 g di sale
200 ml circa di acqua tiepida (nella quale sciogliere il lievito)

PER LA FARCITURA:

400 g di spinaci lessati

200 g di prosciutto cotto

200 g di provola o mozzarella

Olio evo qb

Sale qb

PRIMA DI METTERE IN FORNO:

1 tuorlo

Latte qb

Potete farcire con quello che più vi piace. Anche salsiccia e friarielli, per esempio, se volete un tocco di napoletanità!

Noto:
uno scorcio

Livello di **difficoltà**

Laborioso

SFINCIONE DI SAN VITO

Se avete in mano questo libro, probabilmente conoscete lo sfincione, simbolo dello street food di Palermo. Morbido, profumato, soffice. In una parola: unico. Sono felice di averlo fatto conoscere fuori dai confini siciliani, lo hanno amato in tantissimi, lo avete fatto centinaia di volte. Ma adesso è ora di raccontarvi una nuova storia, quella legata allo sfincione di San Vito, che si dice sia la prima versione della storia della famiglia degli sfincioni. Il nome può trarre in inganno: non si riferisce alla bellissima località balneare in provincia di Trapani, ma al convento di San Vito che aveva sede a Palermo, e dove pare che nella seconda metà del Settecento le suore diedero vita per prime a questa pizza speciale, che però all'inizio, ovviamente, non prevedeva il pomodoro, che arrivò molto tempo dopo. Se riuscite, fatelo almeno una volta. È un piatto sontuoso che vi darà grande soddisfazione. Lo si faceva come piatto per la notte di San Silvestro; magari potrebbe essere il vostro lievitato speciale, in questa notte così importante!
P.S.: Mi raccomando, al primo morso, esprimete un desiderio.

PREPARAZIONE

PER L'IMPASTO

Unite la farina allo strutto, impastate insieme (in planetaria o a mano), quindi aggiungete il lievito che avete precedentemente sciolto nell'acqua con un cucchiaino di malto. Appena il composto risulta omogeneo, unite il sale. Fate riposare in un luogo tiepido per almeno 2 ore. Dovrà raddoppiare il suo volume.

PER LA FARCITURA

Tritate finemente la cipolla e fatela imbiondire con l'olio extravergine d'oliva, unite la carne tritata e fate rosolare. Sfumate con il vino rosso, quindi aggiungete la passata e il concentrato di pomodoro. Aggiustate di sale e pepe (se occorre, utilizzate un cucchiaino di zucchero per evitare l'acidità del pomodoro), quindi unite il salame a cubetti. Fate cuocere per almeno un

INGREDIENTI

Per 10 persone

PER L'IMPASTO:

- **500 g** di farina 00
- **500 g** di semola rimacinata di grano duro
- **10 g** di lievito di birra fresco (**5 g** se secco)
- **60 g** di strutto
- **10 g** di malto (o miele)
- **400 ml** di acqua
- **20 g** di sale

PER LA FARCITURA:

500 g di carne macinata mista (maiale e vitello o manzo)

100 g di salame a dadini

600 ml di passata di pomodoro

200 g di concentrato di pomodoro

230 g di tuma o primosale

40 ml di vino rosso

1 cipolla bianca

1 cucchiaio di semi di finocchio

Pangrattato qb

Olio evo qb

Origano qb

Sale qb

Pepe qb

paio d'ore, aggiungete i semi di finocchio e continuate la cottura per un'altra mezz'oretta.

Appena l'impasto è lievitato, dividetelo in due, realizzando un panetto più grande dell'altro, così da poter coprire anche i bordi della teglia. Stendete con il matterello. In una teglia alta, spennellata d'olio, mettete il disco con il diametro più grande, coprendo anche i bordi. Versate il condimento, avendo cura di lasciarne un po' da parte da usare dopo, e la tuma o il primosale. Ricoprite con il disco più piccolo e chiudete bene. Bucherellate la superfice e infornate per mezz'ora in modalità statica a 220 °C. Quindi tirate la teglia fuori dal forno, aggiungete il condimento rimasto sulla superficie, mettete una spolverata di pangrattato, origano e olio, e infornate nuovamente per una mezz'oretta sempre a 220 °C.

Vi consiglio una teglia a cerniera del diametro di 24 o 26 centimetri. Se non avete il primosale siciliano (è diverso dal primosale lombardo) o la tuma, usate il caciocavallo o un pecorino semistagionato.

ROSETTE

Livello di difficoltà
Abbastanza facile

Le rosette sono diffuse un po' in tutta Italia, specialmente nel Lazio, da dove poi hanno preso la strada verso tantissimi panifici sparsi per lo Stivale. Anche noi abbiamo la nostra rosetta che però, a differenza di quelle più comuni, non è affatto vuota dentro. Ha la mollica, ma risulta comunque molto leggera. Il nome deriva dalla forma data dalle incisioni tonde che dividono la superficie come fosse un fiore.

PREPARAZIONE

Per prima cosa bisogna fare un pre-impasto, versando l'acqua con il lievito e il malto. Lasciate fermentare per 10 minuti, quindi aggiungete 50 grammi di farina e lasciate riposare per una quarantina di minuti. Prendete il composto, mescolate bene e unite l'altra farina, il sale e l'olio, e impastate con il cucchiaio o in planetaria. Fate lievitare per almeno 6/8 ore. Se avete tempo, impastate un giorno prima e lasciate riposare in frigorifero. Trasferite su un piano da lavoro infarinato e formate le pieghe più volte. Lasciate riposare l'impasto per altri 30 minuti. Quindi fate delle pezzature di circa 100 grammi e create delle forme tonde, lasciando lievitare per un'oretta. Infarinate con della semola i panini e con una forma cilindrica di pochi centimetri di diametro (un tappo, per esempio) fate delle incisioni che serviranno a regalare la classica forma. Mettete in forno a 250 °C in modalità statica per 20 minuti.

La rosetta è un pane delizioso e, se volete, potete anche mettere il sesamo. Io le faccio in entrambi i modi.

INGREDIENTI

Per circa 15 panini (dipende dalla grandezza che sceglierete)

500 g di farina 00

350 ml di acqua

5 g di lievito di birra fresco

10 g di sale

20 ml di olio evo

1 cucchiaino di malto

Semola qb (per guarnire)

FOCACCIA CON ALICI, POMODORINI E CACIOCAVALLO

Livello di **difficoltà**
Attendere le diverse lievitazioni

Ricordo perfettamente il giorno in cui feci per la prima volta questa focaccia. Eravamo appena tornati da un viaggio all'estero, dove avevamo mangiato solo pesce e verdure, e ovviamente avevamo voglia di qualcosa di sostanzioso e goloso. Questa focaccia è stata improvvisata con quello che c'era in frigorifero. Pomodorini un po' rinsecchiti ma ancora in grado di dire la loro, caciocavallo che nonostante tutto reggeva e qualche patata che stava per esalare l'ultimo respiro. Non ho avuto dubbi. E infatti è stata una scoperta interessante, che vi propongo anche qui!

PREPARAZIONE

Bollite le patate e schiacciatele, mettetele in una ciotola insieme alle due farine, miscelate un po', quindi mettete il lievito, il malto e aggiungete a poco a poco l'acqua. Appena il composto si sarà rassodato e sarà elastico, aggiungete il sale e l'olio. Formate un panetto e lasciate riposare per un'oretta. Quindi lavoratelo sul piano, facendo la classica pirlatura (ovvero facendo girare l'impasto sul piano di lavoro dandogli una forma sferica regolare). Poi fate riposare mezz'ora. Appena l'impasto sarà pronto, stendetelo in una teglia tonda ben oleata (diametro 24/26 centimetri) e fate lievitare ancora un'altra mezz'ora, quindi pigiatelo bene con le mani per fare i classici buchi e aggiungete i pomodorini tagliati a metà e conditi con olio, sale e origano, le acciughe e i pezzetti di caciocavallo. Fate lievitare ancora una ventina di minuti e mettete in cottura in forno preriscaldato statico a 250 °C per 20 minuti (si consiglia la modalità di cottura con il calore dal basso).

INGREDIENTI

Per 6 persone

PER L'IMPASTO:

200 g di patate
300 g di farina 0
300 g di semola rimacinata di grano duro
10 g di lievito di birra fresco
300 ml di acqua
30 ml di olio evo
10 g di sale
1 cucchiaino di malto

PER LA FARCITURA:
70 g di alici
150 g di caciocavallo
200 g di pomodorini
Olio evo qb
Origano qb

Vi sarete accorti dei diversi momenti di lievitazione, che potrebbero scoraggiarvi nel realizzare questo lievitato meraviglioso. Non demordete, però. Mangerete una focaccia speciale, morbida e supersoffice.

'MBRIULATA

Livello di **difficoltà**
Stendere bene l'impasto

Quando un prodotto diventa il protagonista della cultura gastronomica di un territorio, io sono felice. Perché attraverso il cibo un luogo, un piccolo centro assume un'importanza che forse non avrebbe mai avuto. È il caso di Milena, delizioso comune in provincia di Caltanissetta, poco più di duemila abitanti, che celebra la 'mbriulata il secondo venerdì di agosto con una sagra. Questa delizia da forno simbolo di Milena, e anche del vicino paesino di Campofranco, è inserita nella lista dei prodotti agroalimentari tipici della Regione Sicilia: un piatto locale che anticamente le massaie preparavano come pasto unico per i famigliari che si recavano per l'intera giornata a lavorare nei campi.
Alcuni aggiungono alla paternità di Milena e Campofranco anche quella di Aragona (AG), mentre a Bompensiere (CL) ne rivendicano una versione differente nella forma. Nonostante siano passati tanti anni, la tradizione della 'mbriulata è rimasta fedele, e oggi viene preparata con gli stessi ingredienti di allora, soprattutto in occasione delle festività natalizie e per la festa di San Martino.

INGREDIENTI

Per 6 persone

200 g di semola rimacinata di grano duro
150 g di farina 00
5 g di lievito di birra fresco
30 ml di olio evo
10 g di sale
50 ml di latte
Acqua qb (se necessaria)

PREPARAZIONE

PER L'IMPASTO

Sciogliete il lievito nel latte, quindi unite la farina e iniziate a impastare, unendo anche il sale e l'olio. Dovete avere un composto bello morbido, ma che non si appiccichi alle mani. Se lo vedete invece troppo duro, aggiungete dell'acqua. Fate riposare per circa un'ora.

PER LA FARCITURA

Tagliate le patate a piccoli pezzettini e rosolate in olio extravergine d'oliva fino a farle ammorbidire del tutto, mixate insieme i due tipi di carne e condite con sale e pepe. Stendete l'impasto sottilissimo, quasi trasparente, spennellate con olio (o strutto) e disponete sopra le patate, la carne, la cipolla tagliata sottile a crudo e le olive. Dopo aver cosparso con abbondante pecorino, arro-

PER LA FARCITURA:

150 g di polpa di manzo
150 g di polpa di maiale
40 g di olive nere
70 g di pecorino
3 patate
1 cipolla

tolate la sfoglia formando una spirale. Io per comodità faccio così e poi taglio a fette. Se volete, potete anche ricavare piccoli pezzi di impasto, farcirli al centro, richiuderli e poi attorcigliare come una girella. Fate cuocere le 'mbriulate in forno caldo in modalità statica a 220 °C per una ventina di minuti/mezz'ora.

Se volete modificare il condimento della farcitura, scatenate la vostra fantasia... sono ottime anche con erbette e formaggio! Come avrete notato, ho usato il latte al posto dell'acqua... perché gli regala una maggiore morbidezza. Se volete utilizzare solo acqua, fate pure.

SCACCIA NISSENA

Livello di **difficoltà**

Non percepito

Tantissimi cibi in Sicilia ci riportano all'antichità classica, ai greci, ai romani e alle tradizioni del mondo contadino. Tra questi un posto in primo piano lo hanno sicuramente le tipiche focacce ragusane, le scacciate catanesi o le scacce modicane o nissene, e tanti altri impasti lievitati che con diverse denominazioni sono protagonisti della nostra cucina popolare. Per alcuni la scacciata (o scaccia) potrebbe essere frutto dell'incontro tra la cultura culinaria dell'Isola e la tradizione saracena, per cui si era soliti mangiare carne tagliata molto finemente dentro un involucro di pane. Quella nissena è ovvia parente di scacce e scacciate sparse per l'Isola. Qualunque panificio di Caltanissetta e dintorni ha la sua versione, e pare che la più simbolica sia quella con tuma e spinaci.

PREPARAZIONE

PER L'IMPASTO

Sciogliete il lievito in un bicchiere d'acqua con il malto. Impastate la farina con la patata precedentemente bollita, unite l'uovo, il sale e l'olio e impastate energicamente. Mettete anche qualche cucchiaio d'acqua, se occorre. L'impasto dovrebbe risultare un po' appiccicoso. Lasciate lievitare per circa 2 ore.

PER LA FARCITURA

Pulite gli spinaci, lessateli, privateli dell'acqua più che potete e teneteli da parte. Eliminate il budello dalla salsiccia, sbriciolatela e rosolatela, quindi aggiungetela agli spinaci. Fate lo stesso con la cipolla, stufandola con un filo d'olio e un po' d'acqua, ci vorranno una ventina di minuti. Unite salsiccia, spinaci e cipolla, quindi aggiungete il formaggio grattugiato, il primosale a dadini e le olive sminuzzate. Condite con un filo d'olio, sale e pepe, e amalgamate il tutto. Spianate la pasta in due sfoglie sottili e disponetene una su una teglia ben oleata. Distribuite su una

INGREDIENTI

Per 4 persone

PER L'IMPASTO:

500 g di semola rimacinata di grano duro

5 g di lievito di birra fresco

50 ml di olio evo

10 g di sale

1 uovo

1 patata

1 cucchiaino di malto (o miele, o zucchero)

2 bicchieri di acqua tiepida

PER LA FARCITURA:

200 g di tuma o primosale

300 g di salsiccia

100 g di olive nere denocciolate

500 g di spinaci freschi

50 g di pecorino grattugiato

1 cipolla

sfoglia di pasta la farcia preparata e coprite con l'altra sfoglia, sigillando bene i bordi. Spennellate d'olio la superficie e infornate a 220 °C in forno statico per 35/40 minuti.

Al posto degli spinaci potete usare anche delle erbette di campo, oppure, se volete cambiare proprio la verdura, dei broccoletti.

FOCACCIA RIPIENA CON POMODORI SECCHI E TUMA

Livello di **difficoltà**
Facile, se seguite bene i passaggi

Questa ricetta l'ho voluta io. Fortemente. Volevo fare una focaccia golosa con all'interno dell'impasto qualcosa che gli regalasse personalità. Così ho fatto una prova. Mi è piaciuta tantissimo e quindi ho deciso di condividerla con voi, perché ve ne innamorerete al primo morso. Unica accortezza: aggiungete i pomodori e il formaggio solo dopo la prima lievitazione.

PREPARAZIONE

Sciogliete il lievito nel latte, aggiungete a poco a poco la farina e iniziate a impastare. Quando il composto sarà elastico, aggiungete il sale e l'olio. Formate un panetto bello corposo e lasciate riposare per circa 2 ore. Appena sarà lievitato, aggiungete i pomodori secchi tagliati a pezzetti e la tuma e rimpastate, mettendo a lievitare ancora fino al raddoppio.
Quando l'impasto sarà pronto, mettetelo su una teglia ben oleata, bucherellatelo con le dita e cospargete con una mistura di olio, sale e acqua. Mettete in cottura in forno preriscaldato a 240 °C per 15/20 minuti (si consiglia la modalità di cottura con calore dal basso).

Se non avete la tuma, usate una provola dolce, provolone, caciocavallo, scamorza. Vi sconsiglio la mozzarella. Potete anche usare altri ingredienti per la farcitura, come le olive e le acciughe.

INGREDIENTI

Per 6 persone

PER L'IMPASTO:

300 g di semola rimacinata di grano duro

200 g di farina 00

300 ml di latte

20 ml di olio evo

10 g di lievito di birra fresco

10 g di sale

PER LA FARCITURA:

200 g di pomodori secchi

200 g di tuma

VASTEDDA CU SAMMUCU DI TROINA

Livello di **difficoltà**
Reperire i fiori di sambuco

La vastedda cu sammucu è una focaccia tipica del comune di Troina, un piccolo centro in provincia di Enna. Pensate che il sito in cui la città sorge fu abitato in epoca preistorica, con insediamenti che risalgono al periodo Neolitico, con il ritrovamento di una fattoria del 6000 a.C. Il nome «vastedda» deriva dal francese arcaico «gastel» che vuol dire «focaccia», «schiacciata». Insieme agli 'nfasciatieddi sono due specialità inserite nell'elenco nazionale dei prodotti tradizionali che identificano il territorio. L'elemento principe è proprio il sambuco, che fiorisce tra maggio e giugno, e la vastedda è celebrata sempre in primavera durante il Festino di San Silvestro, patrono di Troina. Questa è una mia ricetta; quella delle massaie di Troina è senza dubbio da preferire. Però posso dire che è venuta molto bene. Provatela.

PREPARAZIONE

Potete fare a mano o in planetaria con gancio. In questo caso, mettete nella ciotola la farina con lo strutto e fate andare qualche minuto. Quindi unite il lievito, l'acqua e il latte, e impastate ancora. Aggiungete a una a una le uova, fate amalgamare bene, quindi per ultimi unite il sale e i fiori di sambuco. L'impasto risulterà molto morbido. Mettete a riposare per un'oretta coperto da un canovaccio. Dovrà raddoppiare il suo volume. Dividete in due l'impasto e stendete con il matterello in modo da formare due sfoglie preferibilmente tonde, aiutandovi con un po' di semola se risulta un po' appiccicoso. Ungete la teglia con olio evo, stendete una sfoglia e farcite con il salame e la tuma. Coprite con l'altra sfoglia (facendo aderire bene i bordi) e cospargete con i fiori di sambuco la superfice, bucherellandola un po' con i rebbi di una forchetta. Lasciate lievitare ancora una mezz'oretta, poi cuocete in forno caldo in modalità statica a 220 °C per 40 minuti.

INGREDIENTI

Per 8 persone

PER L'IMPASTO:

500 g di semola rimacinata di grano duro
150 g di strutto
100 ml di latte
200 ml di acqua
10 g di lievito di birra fresco
10 g di sale
15 g di fiori di sambuco freschi o essiccati
1 cucchiaino di malto
4 uova
Olio evo qb

PER LA FARCITURA:

300 g di salame a dadini

300 g di tuma

15 g di fiori di sambuco freschi o seccati

Se non è il periodo dei fiori di sambuco, che crescono in primavera/estate, optate per dei fiori essiccati che trovate tranquillamente in erboristeria. La ricetta originale prevede anche la pancetta, ma io ho usato solo il salame.

LUMERA DI NOTO

Livello di **difficoltà**
Trovare il Ragusano

Se non siete mai stati a Noto, è il momento di mettere questa tappa tra le vostre prossime mete. Io nel mio piccolo, con il mio programma *Giusina in cucina on the road*, vi ho portati a scoprire attraverso le immagini questo posto che tutto il mondo ci invidia. Spero di avervi incuriosito fino a farvi prendere un volo verso la capitale del barocco in Sicilia. Tra le delizie gastronomiche di Noto c'è questo gioiello che dal forno si fa spazio nelle tavole. La lumera è bella da vedere (ricorda una lanterna, da qui il nome) e soprattutto è buona da mangiare. Io ho avuto il privilegio di farla con la mitica 'Ntina, una cuoca meravigliosa che mi ha conquistata. Ve la propongo con la sua ricetta infallibile. Provatela e mi direte.

PREPARAZIONE

Sciogliete il lievito nell'acqua fredda insieme al miele, quindi aggiungete la farina e impastate. Potete farlo a mano o in planetaria. Appena l'impasto prende consistenza aggiungete l'olio, fate assorbire bene e poi unite il sale. Mettete a riposare fino al raddoppio, ci vorranno almeno 3 ore. Dividete l'impasto in quattro, non appena avrà raggiunto la maturazione. Spolverate il piano con della semola e stendete l'impasto con il matterello fino a ottenere una sfoglia sottile. Fate riposare per circa 20 minuti. Quindi mettete su una teglia oleata e farcite con il pomodoro fresco tagliato a cubetti, condito con olio, sale e aglio tritato, unite il Ragusano, il basilico, l'olio evo e richiudete i bodi dell'impasto verso il centro, lasciando la parte centrale senza impasto (così come nella foto). Infornate per 18/20 minuti a 200 °C in forno statico. Guarnite con basilico fresco.

Se non avete il Ragusano, usate il caciocavallo, il pecorino fresco o la provola.

INGREDIENTI

Per 4 persone

PER L'IMPASTO:

500 g di semola rimacinata di grano duro

270 ml di acqua

8 g di lievito di birra fresco

8 g di sale

40 ml di olio evo

½ cucchiaino di miele

PER LA FARCITURA:

300 g di pomodoro fresco

2 spicchi di aglio

200 g di Ragusano a cubetti

Qualche foglia di basilico

Olio evo qb

MUFFOLETTE

Livello di **difficoltà**

Non pervenuto

La prima volta che ho provato queste muffolette ero a casa di amici. Una cena meravigliosa, in cui diversi chef siciliani erano stati invitati a preparare una specialità. Il grande Pino Cuttaia era arrivato con tutto l'occorrente per queste muffolette. Me ne ha raccontato l'origine e soprattutto mi ha invitata a mangiarle così come le faceva lui. Sono onorata di condividere con voi la sua creatura. Si differenziano moltissimo da qualsiasi altro prodotto da forno, perché le protagoniste sono le spezie, che regalano all'impasto un sapore unico. Sono uno dei pilastri della gastronomia licatese, molto diffuse durante il periodo di quaresima, anzi esattamente il Giovedì Santo. Pare proprio che questa usanza a Licata non si sia persa. Molti panifici le preparano solo di giovedì, proprio per onorare la tradizione. Voi, però, preparatele quando ne avrete voglia!

PREPARAZIONE

Versate in planetaria la farina, i semi di anice, la cannella, il pepe macinato, quindi aggiungete il lievito sciolto in acqua, il sale e l'olio. Impastate fino a ottenere un composto morbido e lasciate riposare fino al raddoppio per circa 2 ore.
Una volta pronto, ricavate dall'impasto dei panini di circa 120 grammi. Spennellate con acqua e cospargete con abbondante sesamo. Fate riposare ancora un'oretta. Terminata la lievitazione, infornate le muffolette a 200/220 °C per circa 20 minuti. Appena cotte, farcite con filetti di tonno, il formaggio primosale, i pomodori e condite con olio, origano e un pizzico di sale.

Potete anche utilizzare delle farine integrali, mixandole un po' tra loro. Vi avviso: sono molto speziate e per questo tanto particolari e diverse dalle solite muffolette tipiche siciliane. Se per caso deciderete di voler omettere le spezie, non ditemelo!!!

INGREDIENTI

Per una decina di panini

PER L'IMPASTO:

500 g di semola rimacinata di grano duro
350 ml di acqua
10 g di lievito di birra
10 g di sale
20 ml di olio evo
40 g di semi di anice interi
10 g di pepe macinato
10 g di cannella macinata
Semi di sesamo qb

PER LA FARCITURA:

300 g di filetti di tonno
200 g di primosale siciliano
2 pomodori maturi
Olio evo qb
Sale qb
Origano qb

GUASTEDDA AI CARCIOFI

Livello di **difficoltà**

Pulire i carciofi!

Come abbiamo visto nella descrizione della vastedda di Troina, la guastedda deriva dal francese «gastel», e significa «focaccia», «schiacciata». Ma nelle diverse province siciliane e nei comuni vicini prende significati diversi. Sono pizze nell'ennese, grossi pani (detti «guastidduni») nell'agrigentino e nisseno, e pane nel palermitano e nella Sicilia occidentale. Questa versione con i carciofi ha dell'incredibile. Sembra un accostamento banale, ma vi posso garantire che vi rapirà le papille gustative e anche il cuore. Se non avete la tuma, usate una provola dolce.

PREPARAZIONE

Sciogliete il lievito nell'acqua, aggiungendo anche un cucchiaino di miele, quindi unite la farina e impastate bene. Mettete anche il sale e continuate a impastare fino a ottenere un composto liscio. Lasciate riposare fino al raddoppio. Stendete l'impasto in teglia, fatelo riposare ancora per circa 30 minuti, quindi condite con olio evo. Aggiungete nell'impasto dei pezzettini di acciughe, fettine di carciofi tagliati sottili e delle fette di tuma. Cuocete in forno caldissimo statico, 250 °C, per una decina di minuti. Consiglio sempre per i lievitati il calore del forno che arriva dal basso.

Per non fare annerire i carciofi, non dimenticatevi di pulirli e lasciarli a bagno in acqua e limone. Prima di guarnire la pizza, asciugateli bene, altrimenti depositeranno l'acqua sulla pizza.

INGREDIENTI

Per 4 persone

PER L'IMPASTO:

300 g di semola rimacinata di grano duro

200 g di farina 00

350 ml di acqua

3 g di lievito di birra fresco

10 g di sale

1 cucchiaino di miele

PER LA FARCITURA:

200 g di tuma

20 g di acciughe

2 carciofi

Olio evo qb

FACCIA DI VECCHIA

Livello di **difficoltà**
Laboriosa ma facile

La faccia di vecchia è considerata la cugina dello sfincione, ma in realtà nel procedimento è molto diversa. È una pizza in teglia, alta e soffice, che è molto diffusa nel palermitano, in particolar modo a Torretta e San Martino delle Scale. L'ho fatta per la prima volta con il maestro Pierangelo Chifari, e questa è la sua preziosa ricetta. Si chiama così perché in cottura fa delle piccole bolle bruciacchiate, che ricordano un po' i visi vissuti delle persone anziane... la solita fantasia dei nostri avi siciliani! Vi consiglio di farla, perché è proprio diversa dalle altre pizze in teglia.

INGREDIENTI

Per 2 teglie da 30x40 cm – 12 persone

PER L'IMPASTO:

500 g di semola rimacinata di grano duro

500 g di farina 0 oppure 00

700 ml di acqua

5 g di lievito di birra fresco

25 g di sale

10 g di zucchero (o malto, o miele)

PREPARAZIONE

Mettete la farina in una ciotola o nel boccale della planetaria, sbriciolate il lievito, mettete lo zucchero e aggiungete a poco a poco l'acqua. Impastate fino a ottenere una massa corposa. Fate riposare 15 minuti e rimpastate per ottenere un composto strutturato, quindi dividetelo in due pagnottine e mettete ciascuna in una teglia unta d'olio per stenderla meglio. Se, quando la stendete, fate un po' di fatica, attendete un paio di minuti e continuate ad allargare fino a raggiungere tutto il perimetro della teglia. Condite subito: mettete pezzettini di acciuga pigiando nell'impasto. In una ciotola unite la polpa di pomodoro, l'olio, l'origano, la mollica di pane e il caciocavallo grattugiato. Mescolate bene e stendete sulla base dell'impasto, sopra le acciughe. Unite la cipolla tagliata a fette a crudo. Coprite con un canovaccio e fate riposare tutta la notte in frigorifero. Al mattino riportate per un'oretta a temperatura ambiente, aggiungete i dadini di caciocavallo, e anche un po' di quello grattugiato, l'origano e l'olio evo, e infornate a 220 °C per 20 minuti, con il calore proveniente dal basso, in modalità statica.

PER IL CONDIMENTO:

200 g di Ragusano a tocchetti (o caciocavallo)

200 g di Ragusano grattugiato (o caciocavallo)

350 g di pomodori pelati

100 g di mollica di pane

12 filetti d'acciuga

2 cipolle bianche grandi

Origano qb

Olio evo qb

Se non avete tempo di lasciare lievitare la notte in frigorifero, potete anche farla lievitare fuori dal frigorifero in teglia per almeno 5/6 ore. Il risultato vi soddisferà lo stesso, ma con la lunga lievitazione è un'altra cosa.

SCACCIATA MESSINESE

Livello di **difficoltà**
State attenti alla cottura!

Meno famosa della focaccia, la scacciata messinese rientra tra le bontà da forno della città dello Stretto. Pare che arrivi per le prime volte sulle tavole dei contadini alla fine del 1800 come piatto base. Con il tempo la ricetta subisce, come è giusto che sia, delle trasformazioni. Sembra che la prima fosse a base di verdure e patate. Oggi si fa solitamente con gli stessi ingredienti della focaccia, ma io ho osato di più e l'ho farcita anche con altro, così come l'ho assaggiata una volta. Ricca e gustosa come piace a me... Spero piaccia anche a voi!

PREPARAZIONE

Impastate in planetaria o a mano. Sciogliete il lievito nell'acqua insieme al malto, quindi aggiungete le farine e impastate. Unite il sale e poi l'olio. Ricavate un composto sodo e non appiccicoso, e fate lievitare fino al raddoppio. Sbollentate i broccoletti e tenete da parte. Tagliate le patate a fette sottili, così come la cipolla, e stendetele sopra a un velo di sfoglia dell'impasto, che avrete diviso in due. Unite la salsiccia privata del budello, coprite con la scarola tagliata finemente, che avrete condito con olio e sale. Aggiungete i pomodorini, quindi la tuma e i broccoletti a coprire. Finite con un filo d'olio e chiudete con l'altra sfoglia. Prima di infornare, bucherellate la calotta di impasto e spennellate con olio evo. Cuocete a 180 °C in forno per almeno 30/40 minuti.

Come vi ho anticipato, potete farcire come più vi piace. Se volete farla vegetariana, togliete la salsiccia e non aggiungete altro. Sarà perfetta anche senza.

INGREDIENTI

Per 10 persone

PER L'IMPASTO:

800 g di semola rimacinata di grano duro

200 g di farina 00

750 ml di acqua

5 g di lievito di birra fresco

20 g di sale

30 ml di olio evo

2 cucchiaini di malto (o miele)

PER LA FARCITURA:

2 patate medie

1 cipolla

300 g di scarola riccia

300 g di pomodorini

300 g di salsiccia

100 g di tuma

300 g di broccoletti

Olio evo qb

Sale qb

Pepe qb

FUATA NISSENA

Livello di **difficoltà**
Moderatamente facile

Vi ho già detto che ogni provincia ha la sua pizza che la caratterizza e che la rende unica. Questa, nella sua semplicità, è tra le ricchezze di Caltanissetta e della sua provincia. Sono molto legata al capoluogo nisseno per l'amore e l'accoglienza che mi ha sempre riservato in occasione di ogni presentazione dei miei libri. Un affetto sincero che ricambio con gioia. Per realizzare la fuata, basta avere gli ingredienti buoni e il gioco è fatto. Sembra simile ad altre, ma vi garantisco che non lo è. La particolarità è anche nel modo in cui si mangia: tagliata a metà, mettendo un pezzo sull'altro. Un po' come si mangia la pizza a Roma. E allora immergetevi nel mood pizza, e andate a impastare!

PREPARAZIONE

Mettete in una ciotola la farina con il malto, aggiungete il lievito e l'acqua a poco a poco. Impastate bene e, appena ottenuto un composto corposo, versate il sale e l'olio. Continuate a impastare, fino ad assorbire bene l'olio. Deve venire un impasto sodo e morbido. Fate lievitare e poi rimpastate facendo le pieghe. Se avete tempo, ripetete la stessa operazione (lievitazione e pieghe) un paio di volte. Appena pronto, dividete l'impasto in quattro panetti e stendete ognuno dandogli una forma ovale. Schiacciate le acciughe nell'impasto, aggiungete l'aglio a pezzetti, il pomodoro condito con olio, sale, pepe e origano, il pecorino e l'olio evo. Cuocete in forno a 250 °C per 10 minuti. Servite richiudendo un pezzo sull'altro.

Se volete sostituire il pecorino, potete usare del caciocavallo in scaglie o il formaggio grattugiato che più preferite.

INGREDIENTI

Per 4/6 persone

PER L'IMPASTO:

500 g di semola rimacinata di grano duro
10 g di lievito di birra fresco
40 ml di olio evo
300 ml di acqua
1 cucchiaino di malto
1 pizzico di sale
1 cucchiaino di malto (o miele)

PER IL CONDIMENTO:

400 g di pomodori pelati
100 g di pecorino grattugiato
10 filetti di acciughe sott'olio
3 spicchi di aglio
Origano qb
Olio evo qb
Sale qb
Pepe qb

GIUSI BATTAGLIA
VIAGGIO IN SICILIA
GIUSINA IN CUCINA

FOCACCIA CON SALSICCIA

Livello di **difficoltà**
Schiacciare le patate!

Questa focaccia racchiude tutti gli ingredienti che mi piacciono tantissimo. Messi insieme sono davvero una poesia. La dolcezza della ricotta, unita alla tuma che fila e fonde, alla salsiccia speziata e alla verdura crea un connubio perfetto per un ripieno sensazionale. Se vi piacciono le verdure amarognole, potete usare anche i friarelli: mio marito, per esempio, la preferisce così!

PREPARAZIONE

Sciogliete il lievito nel latte e versatelo in planetaria (si può anche impastare in una ciotola a mano), quindi unite le patate precedentemente lessate e schiacciate, la farina, un uovo e il sale. Dovete ottenere un composto molto morbido, ma che non si appiccica alle mani. Lasciate lievitare fino al raddoppio per oltre 2 ore, quindi stendete metà dell'impasto in una teglia da forno oleata (io ho usato una teglia del diametro di 28 centimetri), cercando di fare anche un po' di bordo. Condite con la salsiccia sbriciolata cruda, la ricotta di pecora, le erbette sbollentate e private dell'acqua e la tuma. Stendete sopra l'altra metà dell'impasto per chiudere. Togliete l'impasto in eccesso e fate una sorta di cordoncino nel bordo. Prima di infornare, spennellate con dell'olio evo la superficie e bucherellate con i rebbi di una forchetta. Infornate a 250 °C in modalità statica per circa 15/20 minuti.

Potete anche fare un ripieno vegetariano, omettendo la salsiccia. Viene molto buona e delicata, grazie alla perfetta accoppiata tra i formaggi e le erbette. Potete usare le verdure che più vi piacciono come i friarelli, le biete, la cicoria, le cime di rapa.

INGREDIENTI

Per 6 persone

PER L'IMPASTO:

400 g di semola rimacinata di grano duro

150 g di patate lesse

10 g di lievito di birra fresco

10 g di sale

1 uovo

1 bicchiere di latte tiepido

PER LA FARCITURA:

400 g di salsiccia

600 g di verdure tipo erbette o spinaci

200 g di ricotta di pecora o vaccina

200 g di provola o tuma

Olio evo qb

MORBIDONI

Livello di **difficoltà**
Laboriosi ma facili

I morbidoni, come dice già il nome, sono panini sofficissimi, perfetti per essere imbottiti, ma anche senza nulla sono ottimi perché hanno un sapore che vira verso il dolce. Quando si parla del nostro pane, permettete la presunzione, si va sempre sul sicuro. La mia Isola vanta una gustosa tradizione, fatta di ricette tipiche che scaldano il cuore. La maggior parte dei tipi di pane che si preparano in Sicilia sono rustici e appartengono alla tradizione del pane di casa, che realizzava un alimento in grado di conservarsi per più giorni in perfetto stato. Accanto a questi, però, vi sono anche delle vere e proprie chicche, come i morbidoni, che si mangiano sia nel Catanese che nel Siracusano e che si contraddistinguono per una crosta sottile, color caramello, e una mollica soffice. A Palermo lo stesso tipo di pane si chiama «semprefresco».

PREPARAZIONE

Sciogliete in una tazzina di acqua il lievito e lo zucchero. Impastate in planetaria o a mano le farine insieme all'acqua, il lievito e lo zucchero. Appena l'impasto avrà preso corpo, unite il sale e poi lo strutto. Fatelo assorbire bene, quindi aggiungete l'olio a filo. Oleate una ciotola e fate riposare per un'ora l'impasto coperto da pellicola a temperatura ambiente. Quindi mettete in frigorifero per la notte. La mattina seguente tirate fuori dal frigorifero e fate riprendere l'impasto a temperatura ambiente per almeno 3 ore. Prendetene 90 grammi e arrotolatelo su sé stesso per fare le forme. Mettete in teglia con carta forno e lasciate lievitare ancora un'oretta. Cuocete nel forno già caldo a 220 °C in modalità statica per circa 20 minuti.

Se volete renderle i morbidoni ancora più sfiziosi potete spennellarli con acqua prima della cottura e mettere del sesamo.

INGREDIENTI

Per una decina di morbidoni

- **450 g** di farina 00
- **550 g** di farina manitoba
- **600 ml** di acqua
- **60 g** di zucchero
- **10 g** di lievito di birra fresco
- **100 g** di strutto
- **20 g** di sale
- **40 ml** di olio evo

SCIAVATA DI MENFI

Livello di **difficoltà**

Cercare di non piangere tagliando la cipolla!

Quando sono stata a Menfi per scattare la copertina del mio precedente libro, *Le ricette della mia vita*, la mia amica Antonella mi ha coccolata facendomi provare tutto quello che si poteva delle bontà tipiche del posto. Tra queste c'è la sciavata, che oramai purtroppo fanno in pochissimi. E sapete che uno dei miei obiettivi è far rivivere sempre ricette che rischiano di scomparire. C'è chi usa farla con il ripieno di salsiccia come ho fatto io, c'è chi invece la fa senza.

PREPARAZIONE

PER L'IMPASTO

Impastate la farina con l'acqua in cui avrete sciolto il lievito di birra fresco e, appena il composto diventa elastico, unite il sale. Lavorate bene fino a ottenere un impasto morbido e non appiccicoso. Fate lievitare almeno 3/4 ore. Quindi rilavorate l'impasto, aggiungendo l'olio, il bicarbonato e il succo di limone. Fate assorbire tutto e lasciate riposare per almeno altre 2 ore.

PER LA FARCITURA

Tagliate le patate a fettine, mettetele in padella con olio evo, dopo qualche minuto unite le cipolle tagliate a rondelle sottili. Prima di utilizzare le cipolle, mettetele a bagno con l'acqua per farle ammorbidire un po'. In una padella a parte sbriciolate la salsiccia e rosolatela, quindi unitela alle cipolle e alle patate. Appena tutto è ben amalgamato aggiungete il pomodoro, aggiustate di sale e pepe e fate cuocere per circa 30 minuti.

INGREDIENTI

Per 8 persone

PER LA PASTA:

1 kg di semola rimacinata di grano duro

8 g di lievito di birra fresco

500 ml di acqua

20 g di sale

150 ml di olio evo

1 cucchiaino di bicarbonato

Succo di ½ limone

PER LA FARCITURA:

500 g di patate tagliate a rondelle

700 g di salsiccia con finocchietto

600 g di pomodoro pelato

2 cipolle grandi

Sale qb

Pepe qb

Olio evo qb

Dopo la seconda lievitazione, dividete l'impasto in due panetti e stendetelo in sfoglie molto sottili. Quindi mettete il primo velo di impasto su una teglia rettangolare ben oleata, farcite con il condimento e stendeteci sopra anche il secondo velo. Fate qualche buchetto sulla parte superiore, spennellate con olio evo e spolverate con l'origano. Cuocete in forno per 15/20 minuti al massimo della temperatura.

I più attenti si saranno accorti che all'interno del condimento non c'è traccia di formaggi. Ebbene sì, non ce ne sono, con mio grande dispiacere. Poi, però, dopo averla mangiata, ho capito che poteva essere un lievitato meraviglioso anche senza la parte filante.

Valle dei Templi
di Agrigento

CABBUCIO

Livello di **difficoltà**

Non pervenuto

In dialetto *cabuciu*: anche questa ricetta arriva dalla provincia di Trapani. Il nome deriva dall'arabo «kabba» che vuol dire «rovesciare la testa». Riferito al nostro cabbucio, sembra indicare il modo di mangiare questa focaccia: dopo essere stata tagliata in due e farcita, le due parti si rovesciano l'una sull'altra. Ha un impasto simile a quello di una pizza ed è perfetto da usare come pane ma anche per essere farcito, come il classico pane cunzatu. Si può imbottire a piacere, anche se la versione tradizionale prevede la tuma o il primosale, acciughe, pomodoro, olio, sale e origano. Si caratterizza per essere leggero e vuoto dentro, perfetto proprio da farcire.

PREPARAZIONE

Mettete in una ciotola la farina con il malto, aggiungete il lievito e l'acqua a poco a poco. Impastate bene e, appena ottenuto un composto corposo, versate il sale e infine l'olio. Deve venire un impasto sodo e morbido. Fate lievitare, poi rimpastate facendo le pieghe. Se avete tempo, ripetete la stessa operazione (lievitazione e pieghe) un paio di volte. Dopo la lievitazione, ungetevi le mani con l'olio evo, lavorate nuovamente la pasta e dividetela in quattro porzioni. Schiacciate le pagnottine e mettetele in una teglia unta d'olio. Lasciate riposare ancora per un'ora. Fate un mix di olio e acqua e spennellate le forme. Cuocete in forno caldissimo a 250 °C (se potete anche più alto) con il calore proveniente dal basso. Appena pronte, tagliate a metà e farcite con pomodori, acciughe, pecorino, olio, origano.

Potete mangiarle semplicemente con olio, sale e pepe. Sentirete ancora di più il sapore unico di questo lievitato meraviglioso.

INGREDIENTI

Per 4 persone

PER L'IMPASTO:

400 g di semola rimacinata di grano duro

100 g di farina 00

350 ml di acqua

20 ml di olio evo

10 g di sale

4 g di lievito di birra fresco

1 cucchiaino di malto

PER LA FARCITURA:

70 g di pecorino grattugiato

10 acciughe

2 pomodori maturi per insalata

Origano qb

Olio evo qb

Sale qb

Pepe qb

IMPANATE MODICANE

Livello di **difficoltà**
Laboriose ma facili

La meravigliosa Modica che mi ha stregata fin dal primo momento in cui l'ho vista è stata una delle tappe del mio recente viaggio in Sicilia per il programma *On the road*. E aver provato dal vivo le meraviglie gastronomiche di questo luogo è stata una bella emozione sensoriale. Per quanto riguarda la parte dei prodotti da forno, i protagonisti sono i buccaturedda e le impanate. Con il termine «buccaturedda» si fa riferimento al termine «abbuccari», che indica il rovesciare qualcosa: in questo caso la pasta della focaccia in maniera da creare un grosso panzerotto ripieno di verdure cotte. La sfoglia è un po' più spessa delle scacce e ha molte versioni circa la farcitura (spinaci, bieta, patate, broccoli). Le impanate sono una variante dei buccatureddi in cui, però, i condimenti si fanno più ricchi, perché a base di carne, e sono di chiara origine spagnola, in quanto derivazione dalle iberiche *empanadas*. In questa ricetta io ho voluto fare un mix tra le due specialità, unendo le verdure e la salsiccia. Mi sono presa un po' di critiche quando è andata in onda in tv, perché il sacro partito delle impanate le vuole solo ed esclusivamente ripiene di carne o pesce. Io ho fatto un mix che non tutti hanno apprezzato. Spero possiate farlo voi!

PREPARAZIONE

PER LA FARCITURA
Sbollentate gli spinaci in pochissima acqua e portate a cottura. Aggiustate di sale. Appena pronti, privateli dell'acqua in eccesso e ripassateli in padella con olio evo e uno spicchio d'aglio, quindi aggiungete la salsiccia privata del budello e lasciate da parte.

PER L'IMPASTO
Sciogliete il lievito in un po' d'acqua. Iniziate a impastare le farine aggiungendo il lievito, il resto dell'acqua, il succo di mezzo limone e il vino, quindi lavorate la pasta fino a quando risulterà liscia ed elastica, e aggiungete il sale e l'olio, lavorate ancora fino a farlo assorbire completamente. Fate lievitare per circa un'ora,

INGREDIENTI

Per 6/8 persone

PER L'IMPASTO:

1 kg di semola rimacinata di grano duro

700 ml di acqua

15 g di sale

20 ml di olio evo

10 g di lievito di birra fresco

Succo di ½ limone

½ **bicchiere** di vino bianco

PER LA FARCITURA:

600 g di spinaci

500 g di salsiccia di suino

250 g di Ragusano

1 spicchio di aglio

Olio evo qb

Sale qb

PER SPENNELLARE:

1 uovo

poi dividete l'impasto in due parti, di cui una più grande da tirare in una sfoglia tonda del diametro superiore a quello della teglia, dovendo coprire anche i bordi. Deve essere una sfoglia sottile. Versate sulla sfoglia (che prima avrete bucherellato con la forchetta) le verdure con la salsiccia e il Ragusano a dadini. Adagiate sopra il secondo velo di impasto, un po' più piccolo, e attorcigliate il bordo. Spennellate con uovo sbattuto e fate ancora dei buchini. Infornate al massimo della temperatura, 220/250 °C, per circa 20 minuti.

Se non avete il Ragusano, usate il caciocavallo o un pecorino semistagionato. Occorre un formaggio molto gustoso. Al posto degli spinaci, invece, potete utilizzare qualsiasi altra verdura a foglia che avete in casa.

Modica

PIZZA ALLA NORMA

Livello di **facilità**

Estremo!

La Norma è il simbolo della cucina siciliana, soprattutto a Catania, che ne rivendica sempre la paternità. Un piatto superlativo nella sua semplicità, quando il pomodoro incontra la dolcezza delle melanzane e la forza della ricotta salata. Un connubio prefetto. Ora trasferite questi stessi ingredienti sul cibo più amato al mondo: la pizza. Verrà fuori una meravigliosa variante che vi lascerà piacevolmente stupiti. La amo talmente tanto, che ho deciso di renderla protagonista della copertina. Quella che reggo in mano è proprio la mia pizza alla Norma, appena sfornata! Ne sento ancora il profumo...

INGREDIENTI

Per 4 persone

PER L'IMPASTO:

300 g di semola rimacinata di grano duro

200 g di farina 00

3 g di lievito di birra fresco

350 ml di acqua

20 ml di olio evo

10 g di sale

1 cucchiaino di malto (o miele/zucchero)

PREPARAZIONE

Tagliate la melanzana a fette sottili, mettetele sotto sale per un'oretta, quindi sciacquate, asciugate e friggetele in olio evo. Per l'impasto, mettete in planetaria (si può anche impastare a mano) l'acqua con il lievito e il malto, aggiungete le farine e iniziate ad amalgamare. Appena l'impasto comincia a incordarsi, aggiungete il sale e l'olio. Lavorate bene fino a creare un panetto, poi fate riposare fino al raddoppio. Effettuate delle pieghe e fatelo riposare ancora un'oretta. Se non avete fretta, fate ancora delle pieghe, rilavoratelo e fate lievitare nuovamente. Non appena la lievitazione sarà raggiunta, spennellate una teglia con olio evo, stendete il composto e iniziate la farcitura ricoprendo con abbondante pomodoro, condito con olio evo, sale e origano (se vi piace, altrimenti non mettetelo). Cuocete in forno a 250 °C per 10 minuti, quindi tirate fuori la teglia, sistemate sopra le melanzane e la mozzarella, e infornate per altri 5 minuti. A cottura ultimata, aggiungete la ricotta salata grattugiata e qualche foglia di basilico.

PER LA FARCITURA:

200 g di polpa di pomodoro

250 g di mozzarella

1 melanzana

Olio evo qb

Sale qb

Origano qb

Ricotta salata qb

Basilico qb

PER FRIGGERE:

Olio evo qb

Questa pizza vi conquisterà: provate a farla, perché riportare la gloria della Norma su una pizza è una grande e facilissima impresa che vi stupirà, alla vista e al palato. Per noi in famiglia è una droga!

SICILIANA DI ZAFFERANA ETNEA

Livello di **difficoltà**

Stare attenti a non farle aprire in cottura

La «Siciliana» è la pizza fritta tipica di Zafferana Etnea, a base di tuma e acciughe che la rendono unica nel suo genere e assolutamente da provare. Alla vista si presenta come un calzone caratterizzato dalla classica chiusura a mezzaluna ripieno di un condimento morbido e filante. Ciò che rende questa tipicità locale davvero speciale è la consistenza dell'impasto, particolarmente croccante, e il gusto inconfondibile degli ingredienti.Pare si debba la sua invenzione alla mitica Giuseppa Finocchiaro, che nel 1924 diede vita a questa meraviglia che è diventata il simbolo di questo centro alle pendici dell'Etna. Giuseppa, per tutti donna Peppina, aveva un bar che esiste ancora oggi e io ho avuto l'onore di entrare nel laboratorio con l'attuale proprietario Alfio, che ha conservato il nome dell'attività, Donna Peppina, e che utilizza ancora la ricetta della signora. Durante il mio viaggio «on the road» ho provato la Siciliana anche in un altro bar, l'Antico Caffè Sicilia, e devo dire che erano l'una abbastanza diversa dall'altra. Questo a dimostrazione che ognuno ha la sua ricetta e che nelle differenze c'è sempre un valore che si traduce in gusto. Si prepara tipicamente con degli ingredienti base (tuma, acciughe e pepe nero), ma si può dare spazio alla propria fantasia e al proprio gusto. Io qui ho aggiunto anche le olive. Vi consiglio di farla, in attesa di andare a Zafferana, che in estate è un luogo perfetto per ristorarsi dalla calura estiva, visto che le temperature sono decisamente più basse che a Catania!

PREPARAZIONE

Sciogliete il lievito nell'acqua, quindi aggiungete lo zucchero. Versate in planetaria la farina per amalgamarla con lo strutto, quindi unite l'acqua con il lievito. Appena sarà bello omogeneo, aggiungete il sale. Fate lievitare fino al raddoppio. Quindi formate dei panetti di circa 100 grammi ciascuno. Allargate con le mani ogni panetto e farcite con pezzetti di tuma, acciughe, olive denocciolate e un po' di pepe. Chiudete quindi la pasta a forma di mezzaluna sigillando bene i bordi, aiutandovi con i rebbi di una forchetta. Friggete le siciliane in abbondante olio di semi fino a quando saranno ben dorate. Servitele calde.

INGREDIENTI

Per 6 persone

PER L'IMPASTO:

500 g di farina 00
50 g di strutto
300 ml di acqua
10 g di sale
20 g di zucchero
5 g di lievito di birra fresco

PER LA FARCITURA:
300 g di tuma
50 g di acciughe sott'olio
200 g di olive nere
Pepe qb

PER FRIGGERE:
Olio di semi qb

Molti di voi mi chiedono spesso come poter sostituire la tuma: potete usare un pecorino giovane, non stagionato, una provola dolce, oppure un caciocavallo poco stagionato. La tuma non ha molte similitudini con questi formaggi, in quanto è fatta con latte di pecora, però l'utilizzo di una provola o del pecorino regalerà una bella energia al piatto.

Chiesa madre
Santa Maria
della Provvidenza
a Zafferana Etnea

RIANELLA

Livello di **difficoltà**

Fare scolare bene la mozzarella!

La rianella è la sorella della rianata. La pizza tipica di Trapani e Marsala si arricchisce di una filante mozzarella, per diventare ancora più golosa e ricca di gusto. Protagonista è sempre l'origano... Provate anche questa... secondo me vi piacerà!

PREPARAZIONE

In una ciotola capiente sciogliete il lievito con un po' d'acqua, aggiungete un cucchiaino di malto (o miele), quindi le farine e a poco a poco anche l'altra acqua. Appena l'impasto sarà incordato, unite il sale e l'olio. Mescolate con un cucchiaio di legno in modo da creare un composto che risulterà appiccicoso. Fate riposare per 30 minuti e rimpastate sempre con il cucchiaio. Ripetete quest'operazione almeno un paio di volte nell'arco di 2/3 ore. Appena l'impasto sarà lievitato bene, trasferitelo su un piano infarinato e fate le classiche pieghe. Fate lievitare ancora un'oretta, quindi rilavoratelo facendo ulteriori pieghe. Dividetelo in panetti. È una pizza mediamente alta, quindi con questo quantitativo potete fare due belle teglie da 30x40 centimetri. Fate lievitare per altre 2 ore, quindi il vostro impasto sarà pronto per essere messo in teglia. Stendetelo in una teglia ben oleata, mettete l'aglio a fettine, le acciughe, il pomodoro, il pecorino, il prezzemolo tritato e abbondante origano. Infornate a 250 °C in forno statico per 10 minuti con la modalità del calore dal basso. Appena pronto, spolverate ancora con l'origano, mettete la mozzarella e infornate nuovamente il tempo necessario per farla sciogliere.

Se volete, potete utilizzare (vanno anche meglio) dei pomodorini freschi o del pomodoro maturo tagliato a pezzetti: se è di stagione, sarà superdolce e pieno di succo.

INGREDIENTI

Per 6 persone

PER L'IMPASTO:

800 g di semola rimacinata di grano duro

200 g di farina 00

650 ml di acqua

40 g di olio evo

5 g di lievito di birra fresco

15 g di sale

1 cucchiaino di malto (o miele)

PER IL CONDIMENTO:

400 g di polpa di pomodoro

500 g di mozzarella

100 g di pecorino grattugiato

4/6 spicchi di aglio

1 mazzetto di prezzemolo

10 acciughe

Origano qb

PANINI DI CENA

Livello di difficoltà

Facilissimi

Questi deliziosi panini sono molto diffusi a Messina e nella sua provincia, e risalgono a una ricetta molto antica. Un pane molto aromatico e con un significato simbolico importante. Per tradizione si usa mangiarli al Giovedì Santo, o comunque nei giorni di quaresima, perché secondo il Vangelo durante l'ultima cena, l'ultimo pasto che Gesù consumò con i suoi discepoli, mangiarono proprio del pane, e da qui i panini di cena, che ricordano quel rito e quel giorno, prima della morte di Cristo.

PREPARAZIONE

Portate a bollore il latte con la cannella, quindi lasciate da parte. In planetaria (si può impastare anche a mano) mettete lo strutto, le due farine e l'uovo, i chiodi di garofano pestati e un po' di noce moscata grattugiata. Iniziate a impastare, quindi aggiungete l'acqua e il latte in cui avrete sciolto il lievito, e unite lo zucchero. Impastate fino a ottenere un composto omogeno. Fate lievitare per almeno 3/4 ore. Appena l'impasto sarà ben lievitato, create delle forme di circa 80 grammi, facendo delle palline ed eseguendo la classica pirlatura, lasciandole raddoppiare. Prima di metterle in forno, spennellate con uovo e latte e cospargete di sesamo. Cuocete per circa 20 minuti a 180 °C in modalità statica.

Questi panini si prestano sia per l'assaggio salato che dolce. Potete farcirli con salumi e formaggi, o usarli anche d'accompagnamento per un secondo o un antipasto. Anche con un po' di cioccolata sono perfetti, però!

INGREDIENTI

Per 18/20 panini (dipende dalla grandezza)

PER L'IMPASTO:

250 g di farina 00
250 g di farina manitoba
5 g di lievito di birra fresco
60 g di zucchero
80 g di strutto
125 ml di latte
125 ml di acqua
10 g di sale
1 uovo
1 stecca di cannella
1 pizzico di noce moscata
Qualche chiodo di garofano

PER SPENNELLARE:

1 tuorlo
1 cucchiaio di latte

PRIMA DI INFORNARE:

Sesamo qb

CUDDIRUNI DI LENTINI

Livello di **difficoltà**

Sbucciare le cipolle

U cuddiruni o cudduruni è una focaccia diffusa in tutta la Sicilia. Ogni provincia ha il suo cudduruni, ovvero una focaccia farcita nei modi più disparati. Il termine deriva dal greco «kollura» e ha origini molto antiche. Veniva utilizzato dalle massaie per preparare un cibo gustoso e nutriente per gli uomini che andavano a faticare nei campi. Era farcito per essere più sostanzioso del pane. Infatti, lo si realizzava con i rimasugli del pane. La caratteristica principale consiste nel rilavorare l'impasto dopo la prima lievitazione con olio evo, in modo da renderlo ancora più morbido. Io qui condivido con voi la ricetta tipica di Lentini, un centro in provincia di Siracusa che ha dato i natali alla mia amica Costanza Caracciolo. E proprio la sua meravigliosa mamma Stefania mi ha suggerito questa ricetta, che è sua e che da adesso è anche vostra!

PREPARAZIONE

PER LA FARCITURA

Tagliate le cipolle a rondelle e mettetele in padella con un pochino d'acqua. Appena saranno ammorbidite, unite un filo d'olio evo, l'estratto di pomodoro sciolto in una tazza d'acqua e aggiustate di sale. Continuate la cottura per una mezz'ora. Dovranno diventare morbidissime.

PER L'IMPASTO

Impastate a mano o in planetaria la farina con l'acqua e il lievito. Se la farina chiede ancora più acqua, tenetene un pochino di scorta. Appena l'impasto avrà preso corpo, aggiungete il sale e l'olio evo. Lavorate ancora qualche minuto e lasciate riposare fino al raddoppio. Appena sarà lievitato, sporcatevi le mani con olio evo e rilavoratelo. Fate riposare altri 30 minuti, quindi stendete l'impasto in forma circolare (la forma finale è a mezzaluna). Mettete il ripie-

INGREDIENTI

Per 4 persone

PER L'IMPASTO:

500 g di semola rimacinata di grano duro

300 ml di acqua

10 g di lievito di birra fresco

30 ml di olio evo

1 pizzico di sale

PER LA FARCITURA:

150 g di estratto di pomodoro

250 g di formaggio tipo primosale

6 cipolle rosse (o dorate)

Olio evo qb

Sale qb

no di cipolle e abbondante primosale, quindi chiudete come a formare un calzone, facendo anche un bel cordoncino con l'impasto. Spennellate con olio evo e infornate a 220/230 °C per 20/25 minuti.

Il cuddiruni di Lentini ha diverse varianti: molto gustosa quella con i broccoli, oppure quella con gli anciti, bietole selvatiche tipiche siciliane.

La piazza di Ortigia a Siracusa

RIZZUOLA

Livello di **difficoltà**
Ci vuole un po' di manualità

Tra i prodotti della rosticceria palermitana un'indiscussa protagonista è la rizzuola, amatissima dai palermitani per il suo goloso ripieno di ragù e la sua croccante panatura. Sì, perché la rizzuola viene preparata con il classico impasto della rosticceria, ma poi viene passata nell'uovo e nel pangrattato, quindi fritta. È la versione più «vastasa» della ravazzata, che ha lo stesso condimento ma è fatta al forno. C'è anche una versione dolce della rizzuola, che si chiama «iris» ed è farcita di crema di ricotta. Se volete fare qualcosa di particolare e godurioso, questa è la ricetta giusta per voi.

INGREDIENTI

Per 6/8 persone

PER L'IMPASTO:

- **250 g** di farina 00
- **250 g** di farina manitoba
- **200 ml** circa di acqua
- **50 g** di strutto
- **40 g** di zucchero
- **15 g** di lievito di birra fresco
- **15 g** di sale

PREPARAZIONE

PER IL RAGÙ

Fate soffriggere un trito di carota, cipolla e sedano con un filo d'olio, quindi aggiungete il mix di carne trita, sfumate con il vino rosso, aggiustate di sale e pepe, unite anche i pisellini e infine versate l'estratto di pomodoro diluito con una tazza d'acqua, insieme al basilico e allo zucchero. Fate cuocere per almeno una mezz'ora. Deve venire una salsa molto stretta, il sugo si deve assorbire del tutto. Fate raffreddare.

PER L'IMPASTO

Potete impastare a mano o in planetaria: mettete nella ciotola le farine con lo strutto e iniziate ad amalgamarli insieme, quindi unite il lievito, lo zucchero e l'acqua a poco a poco e cominciate a impastare. Non appena il composto sarà elastico, unite il sale. Deve risultare morbido ma non appiccicoso. Fate lievitare coperto da un canovaccio per un paio d'ore, comunque fino al raddoppio. Prendete pezzi d'impasto da 80/90 grammi, stendeteli con un matterello fino a formare un cerchio. Mettete il condimento del ragù al centro e chiudete bene, formando un fagottino rotondo. Fate lievitare ancora per 30 minuti.

PER IL RAGÙ:

500 g di carne trita (mixare bovino o vitello e il maiale)

300 g di pisellini

400 g di estratto di pomodoro

½ cipolla

1 carota

1 costa di sedano

1 bicchiere di vino rosso

1 cucchiaio raso di zucchero

Olio evo qb

Basilico qb

Sale qb

Pepe qb

PER LA PANATURA:

1 uovo

Pangrattato qb

PER FRIGGERE:

Olio di semi di girasole qb

Sbattete l'uovo, immergete le rizzuole e poi rotolatele con attenzione nel pangrattato.
Friggete a immersione in olio di semi a 150 °C.

Attenzione alla cottura: se l'olio è troppo caldo, si doreranno immediatamente ma dentro rimarranno crude. È molto importante una cottura delicata. Devono restare in cottura almeno 10 minuti a fuoco dolce.

Il Teatro Massimo di Palermo
L'ARTE RINNOVA I POPOLI E NE RIVELA LA VITA
BIGLIETTERIA

TARALLINI

Livello di **facilità**

Estrema!

Cosa c'entra questa ricetta, direte voi, con questo libro? C'entra c'entra... perché a casa mia si sfornano almeno una volta alla settimana. C'entra, c'entra visto che i miei figli li adorano! C'è il vino nell'impasto, ma tranquilli, perché durante la cottura evapora. In realtà, esistono tante ricette per questa bontà tipica della cugina Puglia, ma questa per me è quella definitiva, che mi ha donato la mia amica Rossella Leone, pugliese doc, che mi ha detto subito che era infallibile. E io l'ho provata senza pensarci due volte. Che dirvi: una meraviglia!

PREPARAZIONE

Impastate la farina con il sale, quindi unite il vino e l'olio fino a ottenere un composto elastico, poi aggiungete i semi di finocchio (chi vuole può ometterli). Fate riposare mezz'oretta, in modo da far assestare bene l'impasto. Quindi prendete un pezzetto di impasto, fate un serpentello di circa 10 centimetri e chiudete a ciambellina. Disponete i tarallini ottenuti su una teglia foderata con carta forno e cuocete in forno caldo statico a 200 °C per 30 minuti.

Questa ricetta è a mio avviso perfetta, perché molto veloce. Non c'è il passaggio della bollitura, ma vi posso garantire che i tarallini saranno friabili allo stesso modo. Provare per credere!

INGREDIENTI

Per 8/10 persone

500 g di farina 0
180 ml di vino bianco
120 ml di olio evo
2 cucchiaini di sale
2 cucchiaini di semi di finocchio (facoltativi)

BRIOCHE AL LATTE DI AVENA

Livello di **difficoltà**
Stare attenti alla lievitazione

Questa ricetta è per voi che siete intolleranti al lattosio e magari vi private di cucinare qualche ricetta golosa, soprattutto le brioche, perché c'è quasi sempre la presenza del latte. Qui potete anche sostituire il burro con lo strutto. Sono le mie briochine storiche, quelle, per intenderci, da mangiare con la granita o con il gelato oppure da farcire con i salumi. Se le farete piccoline, saranno perfette per un aperitivo sfizioso o per le feste di compleanno dei bimbi.

PREPARAZIONE

Sciogliete il lievito nel latte di avena e aggiungete lo zucchero. Unite le due farine, aggiungetele al latte con lievito e zucchero, poi mettete il burro (o strutto) e il sale. Lavorate l'impasto fino a raggiungere una consistenza morbida ma non collosa. Lasciate lievitare per almeno 2 ore. Dopo la lievitazione, fate delle palline di 70/80 grammi e lasciatele lievitare ancora per un'oretta. Prima di metterle nel forno, spennellatele con tuorlo d'uovo e latte d'avena facendo molta attenzione per evitare di compromettere la lievitazione. Cuocete in forno per 15/20 minuti a 180 °C in modalità statica.

Queste brioche sono morbidissime e l'utilizzo della bevanda vegetale gli regala una sofficità davvero importante. Si possono mangiare senza nulla, oppure (il mio consiglio) servite con burro e prosciutto cotto o salame, nella versione salata, o confettura di frutta e crema alla nocciola, nella versione dolce.

INGREDIENTI

Per 12/15 brioche

250 g di farina manitoba
250 g di farina 00
50 g di burro o strutto
250 ml di latte di avena
12 g di lievito di birra fresco
60 g di zucchero
1 pizzico di sale
1 tuorlo

VIAGGIO IN
SICILIA

CUZZOLE

Livello di facilità
Assoluto

Le cuzzole sono praticamente il nostro gnocco fritto. Sono diffuse un po' in tutta la Sicilia e in ogni provincia prendono sempre un altro nome. Si facevano anticamente per utilizzare l'impasto del pane avanzato e portare a tavola qualcosa di più goloso e sfizioso. Si possono mangiare con salumi e formaggi, oppure arricchite con un po' di sugo di pomodoro fresco e scaglie di formaggio.

PREPARAZIONE

Come per qualsiasi lievitato, potete impastare a mano oppure in planetaria. Sciogliete il lievito nell'acqua, unite il miele, quindi le farine e iniziate a impastare. Appena si inizia a formare la maglia glutinica, aggiungete anche il sale, quindi l'olio, fino a formare un composto liscio e sodo. Fate lievitare fino al raddoppio (ci vorranno un paio d'ore), lasciando l'impasto in un contenitore unto d'olio. Appena è pronto, create dei filoncini e cuocete a immersione in abbondante olio di semi. Spolverate con sale e servite.

Se volete potete anche realizzarli nella versione dolce: basterà passarli appena pronti nello zucchero e nella cannella, oppure cospargerli con il miele. Una vera bontà.

INGREDIENTI

Per 10 persone

PER L'IMPASTO:

300 g di farina 00
300 g di semola rimacinata di grano duro
40 ml di olio evo
300 g di acqua
5 g di lievito di birra fresco
10 g di sale
1 cucchiaino di miele

PER FRIGGERE:

Olio di semi (arachide o girasole) qb

'NFIGGHIULATA

Livello di **difficoltà**

Nullo

Quando arrivai nel B&B che mi ospitava per una breve vacanza a Siculiana, la prima cosa che notai entrando in questa casa fu il vassoio che c'era sul tavolo. Ma c'era anche un profumo che si avvertiva da lontano. La signora Concetta aveva deciso di darmi il benvenuto con le sue 'nfigghiulate appena sfornate. Che dirvi... una delizia unica. La parola in dialetto significa «mescolanza», unione di più cose. In effetti, è un mix di ingredienti (almeno nel ripieno) che si sposano alla perfezione. Questa è la versione di Siculiana, ma in quasi tutta la Sicilia si possono trovare con diversi ingredienti e farciture e anche con denominazioni differenti.

PREPARAZIONE

Sciogliete il lievito nell'acqua, aggiungete un cucchiaino di miele, quindi unite la farina e impastate. Aggiungete poi lo strutto e, appena l'impasto si sarà incordato, mettete il sale. Una volta pronto, fate lievitare fino al raddoppio. In una padella, intanto, fate rosolare la salsiccia, privata del budello. Appena l'impasto sarà lievitato, stendetelo con l'aiuto di un matterello fino a ottenere una sfoglia da mezzo centimetro.
Cospargete sopra la salsiccia, le olive, il formaggio grattugiato, la tuma (o provola), arrotolate e tagliate a fette. Ponete le fette su una teglia oleata o coperta da carta forno, poi spennellate con olio. Fate cuocere in forno statico a 220 °C per 15/20 minuti.

Molto diffusa nel siracusano è quella di Rosolini con ricotta, tuma e pomodoro, e quella di Sortino, in cui si usa per tradizione la nepetella selvatica (della famiglia della menta), l'olio, l'aglio e il peperoncino, e in cui a volte si aggiungono anche formaggi come la ricotta, la tuma o il pecorino. Ma c'è anche quella catanese, in cui ci sono formaggio, ricotta e carne di maiale.

INGREDIENTI

Per 6 persone

PER L'IMPASTO:

500 g di semola rimacinata di grano duro

50 g di strutto

300 ml di acqua tiepida

10 g di lievito di birra fresco

1 cucchiaino di miele

1 cucchiaino di sale

PER LA FARCITURA:

300 g di salsiccia

200 g di tuma o provola

Formaggio o caciocavallo grattugiato qb

Olive nere denocciolate qb

PANE IN PENTOLA

Livello di **difficoltà**

Laborioso

Che soddisfazione sfornare una pagnotta di pane identica a quella comprata in panificio. Sento ancora il dolce suono del coltello che taglia la crosta, che nasconde un pane morbido, profumato e meraviglioso. Se utilizzerete le farine di grani antichi, sarà ancora più buono. Questa è una ricetta che ho fatto tante volte ed è supersicura. Spero possiate affezionarvi a questa versione. Io la faccio spessissimo. Ci sono diverse pratiche per la preparazione, con impasto diretto, come questo, oppure con la biga e il poolish. Io ho cercato un giusto compromesso per un procedimento facile ma di ottima resa. Provatelo!

PREPARAZIONE

Sciogliete il lievito nell'acqua, quindi unitela a poco a poco alla farina e impastate o in planetaria o a mano. Aggiungete anche il malto e solo alla fine il sale. Dovrà venire un composto liscio e asciutto. Fate lievitare a temperatura ambiente fino al raddoppio. Quindi mettete in frigorifero per 6/8 ore. Tiratelo fuori dal frigorifero, rilavoratelo e lasciatelo riposare per circa 30 minuti (anche un'ora, se avete tempo). Una volta pronto, eseguite la pezzatura finale a pagnotta, poi inserite il vostro pane in un cestino precedentemente spolverato con della semola. Lasciatelo lievitare per un'altra ora a temperatura ambiente e, infine, prima di mettere in forno, effettuate dei tagli sulla parte superiore della massa. Spostatelo nella pentola (la pentola in ghisa deve essere precedentemente preriscaldata) e fatelo cuocere alla massima temperatura, per circa 45 minuti, sulla parte più bassa del forno. Gli ultimi 10 minuti togliete il coperchio. Spruzzate anche dell'acqua all'interno del forno per creare un po' di umidità, oppure mettete una ciotolina con l'acqua durante tutta la cottura.

INGREDIENTI

Per 1 pagnotta grande o 2 piccole

500 g di semola rimacinata di grano duro

350 ml di acqua

2 g di lievito di birra fresco

12 g di sale

5 g di malto (o miele)

Se non avete la pentola in ghisa, potete ugualmente fare il pane nella forma che desiderate. Potete anche farlo con un altro tipo di farina. Io preferisco la semola rimacinata, ma viene benissimo anche con le altre.

PIZZA RUSTICA MADONITA

Livello di **difficoltà**

Molto semplice

Questa pizza l'ho inventata io, perché mi trovavo a girare le puntate estive del mio programma nelle mie adorate Madonie e avevo a disposizione delle materie prime meravigliose che mi hanno sussurrato all'orecchio di realizzare qualcosa di speciale. E così ho fatto una pizza rustica che racchiude i sapori semplici e autentici di un territorio che amo e in cui sono cresciuta. Ve la dedico, sperando che possiate replicarla.

PREPARAZIONE

Sciogliete il lievito nell'acqua insieme al malto, quindi aggiungete le farine e impastate. Appena raggiunta la maglia glutinica, unite il sale e l'olio. Il composto dovrà essere lavorato diversi minuti per essere ben sodo. Lasciate lievitare fino al raddoppio, se possibile effettuate delle pieghe durante la fase di lievitazione e fate lievitare ancora.
Appena l'impasto sarà pronto, stendetelo in teglia e conditelo con una leggera base di pomodoro, quindi mettete le fette di pomodoro, la salsiccia secca a pezzetti, la cipolla a fette, dadini di caciocavallo e la caciotta grattugiata. Finite con pangrattato e un filo d'olio. Fate raddoppiare in teglia, quindi cuocete in forno caldissimo a 250 °C con il calore proveniente dal basso per 20 minuti.

Se non avete la salsiccia secca (da noi si usa moltissimo), potete mettere la salsiccia fresca, oppure del salame, e potete utilizzare i formaggi che avete. Mi raccomando, fatela cuocere bene, dovrà essere croccante e morbida allo stesso tempo.

INGREDIENTI

Per 10 persone

PER L'IMPASTO:

800 g di semola rimacinata di grano duro

200 g di farina 00

750 ml di acqua

5 g di lievito di birra fresco

20 g di sale

30 ml di olio evo

2 cucchiaini di malto o miele

PER IL CONDIMENTO:

300 g di salsiccia secca

50 g di pomodoro pelato

200 g di caciotta madonita (o altro formaggio a pasta filata)

200 g di caciocavallo

2 pomodori maturi

2 cipolle

Pangrattato qb

Olio evo qb

in cuc

SCACCIA RAGUSANA

Livello di **difficoltà**
Stendere bene l'impasto

La scaccia ragusana è un altro simbolo importante della cultura gastronomica di Ragusa e della sua provincia. Un lievitato particolare, che si fa con una sfoglia molto sottile, che si presenta quasi come fosse una lasagna con i suoi strati. Protagonisti sono il pomodoro e il Ragusano, vero fiore all'occhiello della nostra arte casearia. Pensate che prima si chiamava Caciocavallo Ragusano, ma dal 1955 è stato riconosciuto quale prodotto tipico e ha ottenuto la denominazione di origine l'anno successivo, ha acquisito il riconoscimento comunitario della DOP, perdendo la denominazione di caciocavallo. Realizzato con latte di vacca di razza Modicana, si distingue dagli altri formaggi per un processo di lavorazione molto particolare e per il tipo di alimentazione che hanno le vacche dalle quali proviene il latte. Provate a ordinarlo in qualche caseificio che fa spedizioni in tutta Italia: vi farete un bel regalo! Tornando alla scaccia, questa è la versione che ho fatto durante il mio viaggio *on the road*, con lo chef dell'Antico Convento dei Cappuccini di Ragusa. L'ho amata moltissimo. Provatela.

PREPARAZIONE

Mettete in una ciotola la farina, quindi a poco a poco unite l'acqua. Non mettete tutta la quantità indicata, perché a seconda del tipo di farina utilizzata questa verrà assorbita in modo diverso. L'impasto deve venire bello asciutto. Lavoratelo bene e, appena avrete un composto sodo, unite il sale e l'olio. Lavorate ancora fino a ottenere un impasto liscio e omogeneo. Fate riposare una mezz'oretta (anche un'ora, se avete tempo).
Preparate nel frattempo il sugo. Fate rosolare un pochino di cipolla o uno spicchio d'aglio con un filo d'olio evo, quindi unite la passata di pomodoro, aggiustate di sale e pepe, correggete (se necessario) con un pizzico di zucchero e fate cuocere per 30 minuti.

INGREDIENTI

Per 6 persone

PER L'IMPASTO:

500 g di semola rimacinata di grano duro

300 ml di acqua

30 ml di olio evo

10 g di sale

PER LA FARCITURA:

300 ml di passata di pomodoro

200 g di Ragusano

Cipolla o aglio qb

Olio evo qb

Sale qb

Pepe qb

Zucchero qb (se occorre)

Basilico qb

Riprendete l'impasto e dividetelo in due. Se volete lavorare pezzi di impasto più piccoli, potete dividere in quattro. Vi verrà sicuramente più semplice. Stendete la porzione di pasta con il matterello fino a ottenere uno strato molto sottile. Dovrà essere quasi trasparente. Ricavate un rettangolo e stendete qualche cucchiaio di pomodoro, abbondante Ragusano, olio evo e qualche foglia di basilico. Ripiegate partendo dai lati verso il centro e rimettete il condimento come prima (passata, Ragusano a scaglie, olio e basilico). Quindi ripiegate la parte superiore verso il centro, e così quella inferiore, sempre verso il centro. Aggiungete ancora un cucchiaio di pomodoro e ancora del Ragusano. E ripiegate nuovamente fino a ottenere una sorta di fagotto rettangolare. Sporcate la parte superiore ancora con del sugo, bucherellate con i rebbi di una forchetta e mettete su una teglia foderata di carta forno. Cuocete in forno preriscaldato a 220 °C per 20/30 minuti (deve essere ben colorata). Tagliate a fette e servite ben calda.

In questa ricetta, come avrete notato, non c'è il lievito. È una versione che io ho molto apprezzato durante la mia trasferta ragusana. In tantissimi dicono che la versione originale è con il lievito. Sul web c'è una vera e propria querelle su questa cosa. Potete fare ciò che vi piace di più. Nell'eventualità che vorreste utilizzarlo, ne basteranno 2/3 grammi.

Chiesa di
San Giovanni
Evangelista
a Scicli (Ragusa)

PANINI VOTIVI DI SAN GIUSEPPE

Livello di **difficoltà**

Non rilevato!

In molti paesi della Sicilia la tradizione e la devozione a San Giuseppe è paragonabile al Natale. Una festa molto sentita, che si esprime oltre che con il culto anche attraverso il cibo. In tanti centri dell'entroterra si realizzano le tavolate di San Giuseppe, che vengono fatte per offrire da mangiare ai più bisognosi. Vengono allestite nei cortili o all'interno delle case, sono organizzate da famiglie devote, in segno di ringraziamento al Patriarca per una grazia ricevuta, e sono imbandite di tutte le pietanze tipiche della tradizione culinaria ed enogastronomica del territorio. Ricordo come fosse oggi i virginneddi, le tipiche tavole che si svolgevano a Cerda, dove io partecipavo sempre. Era una gioia enorme. Per quanto riguarda il pane, esso è l'elemento principale dei meravigliosi altari di San Giuseppe, che in Sicilia adornano le chiese durante la giornata dedicata al santo. Si realizzano pani meravigliosi come opere d'arte, ognuno con una forma diversa, che richiamano la vita del santo, come, per esempio, il bastone fiorito, il Bambin Gesù, il giglio, gli strumenti da falegname, il dubbio, la barba. Io ho avuto la grande opportunità di vedere la realizzazione di questo pane dalle sapienti mani di Marilena Nicolosi e Franco Arcuri, che nella mia visita a Giuliana mi hanno insegnato come si fa. Qui, però, condivido con voi la ricetta dei panini, più semplici da realizzare, che sono diffusi a Palermo.

INGREDIENTI

Per 10/15 panini

250 g di semola rimacinata di grano duro

250 g di farina 00

3 g di lievito di birra fresco

250 ml di acqua

5 g di miele (o malto)

10 g di sale

PREPARAZIONE

Sciogliete il lievito nell'acqua, versate in planetaria (si può fare anche a mano) e aggiungete la farina e il miele, poco dopo anche il sale e l'olio, impastando bene fino a far assorbire la parte grassa, quindi un bel cucchiaio di sesamo e i semi di finocchio.

Una volta pronto, lavorate l'impasto a mano sul piano fino a ottenere un composto sodo e liscio. Incidete con un coltello, realizzando una croce sulla superficie, e mettete a riposare fino al raddoppio. Ci vorranno 2/3 ore.

5 g di semi di finocchio
50 ml di olio evo
Sesamo qb

Dall'impasto ricavate delle pagnottine di circa 70 grammi, incidetele sempre a croce e lasciate riposare fino al raddoppio. Infine, spennellate con acqua, cospargete con abbondante sesamo e infornate per 20/25 minuti a 220 °C.

Sono dei panini deliziosi, che diventano speciali grazie ai semi di finocchio e al sesamo, presente sia nell'impasto che in superficie.

Marsala:
le Saline

PIZZA DI CIPOLLE E TUMA

Livello di **difficoltà**

Tagliare le cipolle

Questa pizza l'ho fatta per la prima volta una sera che avevo ospiti a cena e avevo fatto uno sfincione per antipasto. Uno dei miei ospiti (oramai mi informo sempre prima per evitare brutte sorprese, e consiglio di farlo anche a voi) mi ha detto che era intollerante al pomodoro, quindi ho voluto fargli gustare una pizza che in qualche modo ricordasse la celebre pizza palermitana. È venuta fuori una meraviglia che non potevo non condividere con voi.

INGREDIENTI

Per 4 persone

PER L'IMPASTO:

300 g di semola rimacinata di grano duro

200 g di farina 00

350 ml di acqua

3 g di lievito

30 ml di olio evo

12 g di sale

1 cucchiaino di malto

PER IL CONDIMENTO:

50 g di acciughe

200 g di tuma

3 cipolle piccole

Olio evo qb

PREPARAZIONE

Impastate a mano o in planetaria, sciogliendo il lievito nell'acqua insieme al malto, quindi aggiungete le farine. Una volta raggiunta la maglia glutinica, unite anche il sale e l'olio, e continuate a impastare (aggiungendo un po' di acqua al bisogno) fino a ottenere un composto sodo, liscio e omogeneo. Lavorate bene l'impasto sul piano leggermente infarinato. Fate lievitare ben coperto in una ciotola fino al raddoppio.
In una padella, intanto, fate appassire le cipolle tagliate a rondelle con due dita d'acqua e un filo d'olio. Condite con un pizzico di sale e fate cuocere per 30 minuti. Ungete d'olio una teglia (30x40 centimetri), stendete l'impasto lievitato e condite con le acciughe tagliate a pezzetti e le cipolle. Lasciate riposare mezz'ora e cuocete in forno preriscaldato a 250 °C per 15 minuti. A cottura quasi ultimata, aggiungete anche la tuma, rimettendo la pizza in forno per qualche minuto per far sciogliere il formaggio.

Se non avete a disposizione la tuma, utilizzate una bella scamorza. La dolcezza del formaggio è necessaria per una pizza davvero sublime, che sarà superequilibrata grazie alla sapidità delle acciughe e alla dolcezza della cipolla e della tuma.

Lievitati

DOLCI

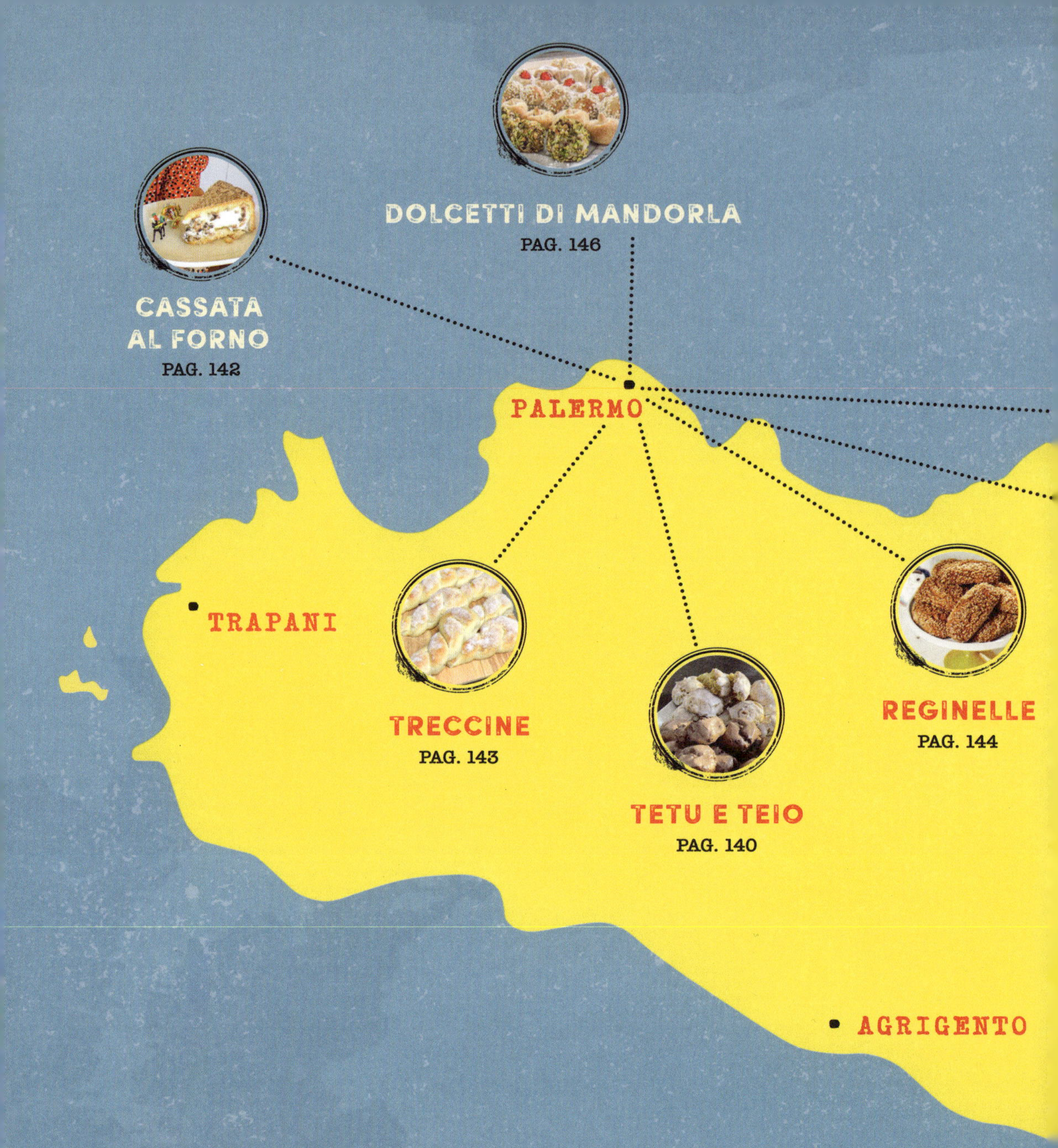

I GRANDI CLASSICI
DOLCI

MESSINA
BISCOTTI TRECCINA
PAG. 138
CARTOCCI
PAG. 145
CASSATELLE DI AGIRA
PAG. 141
CATANIA
ENNA
CALTANISSETTA
BISCOTTI CA LIFFIA
PAG. 139
SIRACUSA
RAGUSA

Livello di difficoltà
Trovare l'ammoniaca!

BISCOTTI TRECCINA

Questi biscotti sono un simbolo per Palermo. Non esiste un panificio che non li esponga in bella vista nelle vetrine, insieme ad altre leccornie. Per me, da bambina, sono stati i classici biscotti da inzuppo nel latte e poi nel caffè e nel tè. Poterli fare a casa, e averli sempre a disposizione, è un lusso, e a casa mia non mancano mai.

INGREDIENTI x 35/40 biscottini

Per l'impasto: **500 g** di farina 00 • **160 g** di strutto • **160 g** di zucchero • **4 g** di ammoniaca per dolci • **1** uovo • **50 ml** di latte intero • **1** pizzico di sale • Scorza di **1** arancia | **Per spennellare:** **1** tuorlo • **1 cucchiaio** di latte

Mescolate la farina con lo strutto in modo da farlo amalgamare bene, quindi unite lo zucchero, l'uovo, l'ammoniaca, il sale, la scorza d'arancia e il latte. Impastate fino a ottenere un composto sodo, poi lasciate riposare una mezz'ora fuori dal frigo. Prendete dei pezzetti di impasto, arrotolateli sul piano facendo dei piccoli filoncini, chiudeteli a metà come un ferro di cavallo e fate la treccina a due. Spennellate con uovo e latte. Infornate in forno statico per 20 minuti a 180 °C.

Potete anche utilizzare lo stesso impasto per realizzare le forme più disparate. Se volete, prima di infornare aggiungete dei granelli di zucchero.

Livello di **difficoltà**
Assolutamente fattibili

BISCOTTI CA LIFFIA

Se pensate che quelli che state per fare siano dei biscotti croccanti e golosi, siete a metà strada. Perché croccante è solo la liffia, ovvero la copertura di cioccolato che rende speciale questo dolcetto. In realtà sotto questa bella glassa «lustrata» (da qui la parola, in dialetto, *liffia*), si nasconde un impasto morbidissimo che rende davvero speciale questo biscotto tipico di Catania. Proprio per questa sua caratteristica è chiamato anche «brioche ca liffia». L'origine pare risalga allo sbarco degli americani in Sicilia negli anni Quaranta. Le prime versioni dei biscotti venivano chiamate «bersaglieri» e in alcune zone li chiamano ancora così. Secondo altre fonti, l'origine di questi biscotti non sarebbe catanese ma ennese, e precisamente di Centuripe. Poco male: ora sono di tutti, perché i piatti buoni e belli si devono assolutamente condividere!!!

INGREDIENTI x 10 persone

Per l'impasto: **250 g** di farina 00 • **250 g** di farina manitoba • **150 g** di zucchero • **80 g** di strutto • **10 g** di lievito di birra fresco • **200 ml** di latte • **2** uova • **1 pizzico** di sale • **½ cucchiaino** di estratto di vaniglia • Scorza di **1** arancia | **Per la glassa:** **200 g** di cioccolato fondente • **50 g** di burro

Sciogliete il lievito in un po' di latte e aggiungete lo zucchero. Unite le farine e lo strutto, e iniziate a impastare. Quindi mettete le uova, la scorza di arancia, la vaniglia e il sale. Impastate bene, fino a ottenere un composto liscio e omogeneo. Si può fare tutto a mano o anche in planetaria con il gancio. Fate lievitare l'impasto per circa 2 ore, fino a quando raddoppierà il suo volume. Appena lievitato, prendetene un pezzettino e fate delle forme a «esse», poi fate lievitare ancora per circa 30 minuti. Cuocete in forno già caldo, statico, a 180 °C per circa 15/20 minuti. Sfornate e fate freddare su una griglia, coperti con un canovaccio.
Nel frattempo, sciogliete il cioccolato fondente con un po' di burro. Appena pronto, intingete i biscotti, fateli asciugare e servite.

Vi verrà voglia di assaggiarli subito, ma io vi consiglio di aspettare che la cioccolata si asciughi bene, proprio per testare questo contrasto tra la croccantezza del cioccolato e la morbidezza dell'impasto.

Livello di difficoltà
Laboriosi ma semplici

TETU E TEIO

Il suono del nome di questi biscotti è dolcissimo. Il significato lo è ancora di più: deriva dall'abbreviazione della frase dialettale «tetù e teio», che tradotta vuol dire «tieni tu e tengo io»: la frase che si dicevano i bambini quando si dovevano dividere questi golosi dolcetti durante la ricorrenza dei defunti. In Sicilia è molto sentita e la tradizione vuole che i bambini aspettino con impazienza e anche con un certo timore la notte fra l'1 e il 2 novembre. Secondo la credenza popolare, in questa notte i morti si risvegliano dal loro sonno eterno e vanno in giro per la città per procurarsi regali e dolciumi da donare ai bambini che durante l'anno si sono comportati bene e hanno pregato per le loro anime. Tra i tanti biscotti che si preparano per questa festa ci sono anche questi. Qualcuno di voi li conosce già, li avevo inseriti nel mio *Viaggio in Sicilia*. Ma non potevano mancare in questa raccolta.

INGREDIENTI x 25/30 biscotti

Per l'impasto: **500 g** di farina 00 • **150 g** di farina di mandorle • **150 g** di zucchero semolato • **150 g** di strutto • **150 ml** di latte intero • **1** uovo • ½ cucchiaino di estratto di vaniglia • **1 pizzico** di bicarbonato • **1 pizzico** di sale • **2 cucchiai** di cacao amaro in polvere | **Per la glassa bianca:** **250 g** di zucchero a velo • **2** albumi • **2 cucchiai** di succo di limone | **Per la glassa al cacao:** **250 g** di zucchero a velo • **2** albumi • **1 cucchiaio** di cacao amaro

Versate le farine nella planetaria (o in una ciotola, se impastate a mano) assieme allo zucchero, il bicarbonato, il sale, poi mescolate e mettete lo strutto, l'estratto di vaniglia e l'uovo. Iniziate a impastare, aggiungendo via via il latte. Otterrete un composto asciutto e sodo. Dividete l'impasto in due parti, in uno incorporate il cacao amaro setacciato. Ricavate delle palline di circa 30/40 grammi e disponetele sulla teglia rivestita da carta forno. Cuocete in forno già caldo a 170 °C per circa 30 minuti. Sfornate i biscotti, spennellateli con la glassa (metà al cioccolato e metà al limone) e rimettete in forno per 5 minuti a 160 °C per farli asciugare.
Per la glassa al limone, battete energicamente gli albumi in una ciotola, quindi unite lo zucchero a velo e il succo di limone; io uso la planetaria. Dovrete ottenere una glassa liscia e bianca.
Per la glassa al cacao, utilizzate lo stesso procedimento mettendo in più il cacao.

Se non avete la planetaria, utilizzate le fruste elettriche per fare le glasse. Potete anche fare a mano, ma è più faticoso.

CASSATELLE DI AGIRA

Livello di **difficoltà**
Per mani esperte e volenterose!

La Sicilia è terra di cassatelle. Ogni provincia ha la sua cassatella, regina della pasticceria locale. Quelle di Agira, piccolo e antico centro in provincia di Enna, sono fatte di una frolla particolare, denominata «pasta tenera», e farcite con un ripieno di mandorle, cioccolato e cannella. Non ci sono notizie certe sulle origini. Si pensa comunque che sia un dolce antico, che verosimilmente risale al tempo della dominazione spagnola per via degli ingredienti utilizzati; un dolce che univa ingredienti pregiati, come era allora il cioccolato, e popolari, come lo strutto e la farina di ceci. Meritano di essere fatte, perché sono davvero molto particolari.

INGREDIENTI x 10/12 persone

Per la frolla: **750 g** di farina Maiorca (se non l'avete, usate la 0 o 00) • **250 g** di zucchero • **250 g** di strutto • **100 ml** di acqua • **1** uovo | **Per la farcitura:** **400 g** di mandorle pelate • **40 g** di cacao amaro in polvere • **60 g** di cacao zuccherato in polvere • **150 g** di zucchero • **70 g** di farina di ceci • **500 ml** di acqua • **1 cucchiaino** di cannella in polvere • Scorza di **1** limone | **Per guarnire:** Zucchero a velo qb • Cannella qb

Tostate le mandorle spellate nel forno acceso a 150 °C per 10 minuti (non devono scurire) e frullatele insieme alla buccia di limone. Il composto deve risultare molto sottile. Mettetelo poi in una pentola e aggiungete il cacao amaro e quello dolce, lo zucchero e il cucchiaino di cannella. Mescolando, versate l'acqua e ponete sul fuoco a fiamma bassa, fino a quando il composto raggiungerà il bollore. Continuate a mescolare fino a fare addensare per circa 10 minuti, quindi togliete dal fuoco e aggiungete la farina di ceci setacciata mescolando energicamente. Trasferite l'impasto ottenuto in una ciotola, coprite con pellicola trasparente e lasciate riposare per tutta la notte a temperatura ambiente.

Sempre la sera precedente, preparate la frolla: nella ciotola versate la farina e lo strutto e lavorateli bene, quindi unite lo zucchero, l'uovo e a poco a poco l'acqua. Impastate bene e compattate. Potete anche usare la planetaria con il gancio a foglia. Ponete l'impasto in una ciotola, coprite con pellicola trasparente e lasciate riposare tutta la notte fuori dal frigorifero. Il mattino seguente, stendete una sfoglia sottile con il matterello e con un coppapasta del diametro di 10 centimetri create una forma tonda, ponete al centro un cucchiaio di ripieno e richiudete a mezzaluna, pressando bene tutto intorno al ripieno per evitare che esca in cottura. Ritagliate la parte in eccesso con una rotella dentellata e

disponete sulla teglia coperta da carta forno. Cuocete in forno statico a 180 °C per 15 minuti. Non dovranno dorarsi troppo. La loro caratteristica è l'aspetto molto chiaro, quasi pallido.
Servite con lo zucchero a velo e, se vi piace, anche la cannella.

Se non volete utilizzare lo strutto, potete mettere il burro. Io preferisco lo strutto, perché regala maggiore croccantezza.

Livello di **difficoltà**
Si può fare... anche se è la prima volta

CASSATA AL FORNO

Il dolce dei dolci per eccellenza non potevo non metterlo anche in questa miniraccolta di dolci tipici della cultura gastronomica siciliana. Una meraviglia che è sinonimo di casa, per me. Di feste in famiglia, di mamma Carolina, la vera regina delle cassate. Non c'è ricorrenza che non venga festeggiata con la cassata al forno di mamma Carolina. È uno scrigno di deliziosa frolla, ripiena di morbida crema di ricotta. Meno stucchevole della famosa cassata tradizionale, ma anche molto più facile da fare: è un dolce che non può mancare sulle tavole di Natale e Pasqua, almeno a casa nostra. Questa è la mia ricetta di famiglia. Adesso è anche della vostra!

INGREDIENTI x 8 persone

Per la frolla: **350 g** di farina • **150 g** di burro • **150 g** di zucchero • **2** tuorli • **1** uovo • **2 cucchiaini** di lievito istantaneo per dolci • **1 pizzico** di sale • Scorza di **1** limone non trattato | **Per la crema di ricotta:** **1 kg** di ricotta di pecora • **300 g** di zucchero semolato • **100 g** di gocce di cioccolato | **Per guarnire:** Zucchero a velo qb • Cannella qb

Potete utilizzare la planetaria con il gancio a foglia o lavorare a mano. Io uso la planetaria. Mettete nel boccale la scorza del limone grattugiato e unitela al burro, quindi aggiungete la farina. Fate andare per qualche minuto, fino a quando il burro si è ben mescolato con la farina, quindi unite le uova e lo zucchero. Impastate per amalgamare bene tutti gli ingredienti e, appena inizia a prendere corpo l'impasto, lavorate e compattate sul piano. Avvolgete nella pellicola e fate riposare un'oretta.

Per realizzare la crema di ricotta, mettete insieme per qualche ora (più tempo avete, meglio è) la ricotta con lo zucchero, quindi setacciatela per rendere la crema il più fluida possibile. Aggiungete le gocce di cioccolato. Prendete una teglia a cerniera (di 22 o 24 centimetri di diametro) e imburratela. Stendete un cerchio di frolla di 5/6 millimetri sulla base e lungo i bordi della teglia. Bucherellate la base della frolla con i rebbi di una forchetta. Aggiungete la ricotta. Chiudete con un altro disco di frolla e sigillate con i bordi. Bucate anche questa parte e cuocete in forno statico a 180 °C per 45 minuti. Togliete dalla teglia dopo che si è raffreddata, giratela e servitela dalla base. Cospargete con zucchero a velo e cannella.

Alcune ricette utilizzano un velo di pan di Spagna sulla base della frolla per evitare che possa ammorbidirsi troppo a contatto con la ricotta. Se volete, potete farlo, ma vi posso assicurare che, se seguite le mie indicazioni, non correrete alcun rischio.

TRECCINE

Livello di **difficoltà**

Molto facile

Che vi devo dire? Vi dico solo che quando mi chiedono in assoluto qual è la ricetta del mio cuore, è sempre la prima che mi viene in mente. Che gioia le treccine!, che tuffo nel mio passato remoto ma sempre vivo. Ogni volta che le faccio e condivido sui social la ricetta, ognuno di voi mi ringrazia per aver risvegliato quel ricordo, per avergli riportato alla mente le merende di quando erano piccoli. In tanti non siciliani non le conoscono, però, incuriositi da tutti i commenti, le fanno e poi mi ringraziano per questo regalo. Questa ricetta l'ho messa anche nel mio primo libro, ma qui ve la propongo in una nuova versione, leggermente diversa ma meravigliosa ugualmente.

INGREDIENTI x 8 persone

Per l'impasto: **350 g** di farina manitoba • **150 g** di farina 00 • **50 g** di strutto (o burro) • **250 ml** di latte intero • **60 g** zucchero • **15 g** lievito di birra fresco • **½ cucchiaino** di estratto di vaniglia • **1 cucchiaio** di miele • **1 pizzico** di sale | **Per guarnire:** Latte qb • Zucchero semolato qb • Acqua qb

Sciogliete il latte insieme allo zucchero, al miele e al lievito in una ciotola e lasciate fermentare per 10/15 minuti. Aggiungete tutta la farina e lo strutto (o il burro) e impastate. Potete farlo a mano o in planetaria. Unite il sale e continuate a impastare. Il composto dovrà risultare morbido ma non appiccicoso. Formate dei cordoncini lunghi circa 50 centimetri. Chiudeteli a ferro di cavallo, fissate al centro e incordate. Posizionate le vostre treccine sulla teglia con carta forno. Coprite e fate lievitare almeno 4 ore.
Spennellate con del latte e mettete in forno statico a 180 °C per circa 15/20 minuti, facendo attenzione che rimangano chiare. Appena pronte, spennellate con dell'acqua e passate nello zucchero semolato.

Io, quando le preparo, lo faccio sempre la sera prima di andare a dormire. Le lascio in forma a temperatura ambiente, coperte con un canovaccio umido. Diminuisco leggermente il lievito. Saranno perfette da infornare la mattina e mangiare calde calde... Se lo zucchero semolato non si attacca bene, usate lo zucchero a velo.

Livello di difficoltà

Non c'è

REGINELLE

Il primo amore non si scorda mai, è vero! Ma anche la prima volta che ti avvicini a un cibo è la stessa identica cosa. Ero poco più che cinquenne quando diedi un morso per la prima volta a questo biscotto. Eravamo a Scillato, un piccolo centro in provincia di Palermo. Lì c'era la casa di campagna dei nonni, dove andavamo spesso nelle giornate di festa, soprattutto in primavera. Mangiate infinite, tavolate immense, tipico di una famiglia così numerosa. Ed è lì che per la prima volta assaggiai questo biscotto profumato, croccante, avvolto dai semini (così come li chiamavo io). Ne volli ancora e ancora. Mia madre dovette fermarmi, mi raccontò da grande. Stavo facendo indigestione. E così le reginelle, che poi scoprii essere avvolte da meravigliosi semi di sesamo, entrarono a pieno titolo tra i biscotti della mia vita. Quando imparai a farli da sola, non ci fu più bisogno di averne a chili nel pacco che mia mamma mi mandava spesso con le cose di cui sentivo la mancanza. È una delle mie prime ricette, infatti, che ho condiviso con voi. Ma non posso non proporla qui. Che magia sarebbe senza le reginelle...

INGREDIENTI x 50/60 dolcetti

Per l'impasto: **500 g** di farina 00 • **160 g** di strutto • **160 g** di zucchero • **4 g** di ammoniaca per dolci • **70 ml** di latte intero • **1** uovo • Scorza di **1** arancia • **2 cucchiai** di succo • **1** pizzico di sale | **Per guarnire:** Sesamo qb

Preparate la pasta frolla facendo sabbiare la farina con lo strutto, quindi aggiungere lo zucchero, l'uovo, il latte e l'ammoniaca, la scorza di arancia e il succo. Impastate bene e lasciate riposare in frigorifero una mezz'ora. Dall'impasto di pasta frolla ricavate dei cilindretti e passateli velocemente nell'acqua quindi nel sesamo. Posizionateli in una teglia con carta forno e cuocete a 200 °C per 30 minuti.

La cottura dovrà regalarvi dei biscottini dorati e croccanti. Quindi, se necessario, lasciate qualche minuto in più. Io ogni volta vado sempre alla ricerca di quelli un po' più bruciacchiati: li amo!

CARTOCCI

Livello di **difficoltà**
Inserire la crema con il sac à poche!

Se dovessi dirvi qual è il dolce che tra tutti più rappresenta la mia infanzia, non avrei dubbi sulla risposta. I cartocci sono stati miei compagni di vita, almeno fino all'adolescenza. I cartocci di Pinuzzo, che ha preso le redini del bar nostro di famiglia a Cerda, dove ho messo le basi per la mia cultura gastronomica fin da bambina, sono stati una delle cose più buone che un essere umano poteva aver creato con le sue mani. Credetemi, non esagero. Quando, più grandi, vivevamo già a Palermo e capitava che mio padre andasse a Cerda, sapeva che non lo avremmo più salutato se non avesse portato una «guantiera» di cartocci. Io e mio fratello ne andavamo matti. Ne andiamo matti! La crema che trasbordava, e noi che facevamo a gara a chi lo finiva prima... Insomma, quei dolci ricordi sono sempre vivi. Da quando non ho più i cartocci di Pinuzzo, ci ha pensato mia madre a deliziarci negli anni. Ora delizio io i miei figli e mio marito. Insomma: una tradizione lunga tante vite.

P.S.: I cilindri per avvolgere i cartocci sono quelli per i cannoli e li trovate online o nei negozi di articoli per pasticceria.

INGREDIENTI x 15 cartocci

Per l'impasto: **600 g** di farina • **250 ml** di latte tiepido • **50 g** di strutto • **50 g** di zucchero • **1 cucchiaino** di sale • **10 g** di lievito di birra fresco • **1** uovo | **Per la crema di ricotta:** **500 g** di ricotta • **150 g** di zucchero • **30 g** di gocce di cioccolato | **Per friggere:** Olio di semi qb | **Per guarnire:** Zucchero semolato qb

Sciogliete il lievito nel latte e aggiungete un pochino di zucchero. Quindi impastate in planetaria o a mano aggiungendo lo strutto e la farina, poi il resto dello zucchero, l'uovo e il sale. Impastate bene fino a ottenere un composto liscio e omogeneo. Fate riposare e lievitare un'oretta. Fate come dei grissini sottili e attorcigliateli ai cilindri. Lasciate riposare per circa un'ora. Appena saranno raddoppiati di volume, friggeteli in olio caldo (almeno 170 °C). Appena pronti, fate raffreddare leggermente e poi staccateli dai cilindri.
Per preparare la crema di ricotta, unite lo zucchero alla ricotta e mescolate bene. Fate riposare almeno 2 ore, quindi setacciatela per rendere la crema il più fluida possibile. Aggiungete le gocce di cioccolato. Mettete la crema in un sac à poche e farcite i cartocci. Infine passateli nello zucchero semolato e servite.

Livello di difficoltà
Ci vuole solo pazienza!

DOLCETTI DI MANDORLA

I dolcetti di mandorla sono talmente iconici che davvero non hanno bisogno di presentazioni. Sono sicuramente il simbolo della pasticceria siciliana, il grande classico che si porta a casa di amici e parenti quando si vuole fare bella figura. Farli è semplicissimo, e vi darà grandi soddisfazioni. Se li mettete in una bella guantiera, sarà come averli presi al bar.

INGREDIENTI x 30/40 dolcetti

Per l'impasto: **500 g** di farina di mandorle • **300 g** di zucchero • **3** albumi • **1 cucchiaio** di miele • **3/4 gocce** di aroma di mandorla amara • **1 scorza** di limone grattugiata | **Per guarnire:** Ciliegie candite qb • Mandorle qb • Granella di zucchero qb • Granella di pistacchio qb • Zucchero a velo qb • Anicini qb

Per prima cosa, montate a neve ferma gli albumi e mettete da parte. In una ciotola unite alla farina di mandorle lo zucchero, poi il miele, quindi aggiungete a poco a poco gli albumi, mescolando con delicatezza dal basso verso l'alto, fino a ottenere un composto omogeneo. Mettete l'aroma di mandorla amara e la scorza grattugiata di limone. Impastate bene anche con le mani, in modo da sentire bene la compattezza del composto. Fate riposare per un'oretta in frigorifero. Create le forme che più desiderate, poi spennellate con albume battuto per far attaccare la granella di pistacchio, oppure quella di mandorle o di zucchero. Altri potete intingerli nello zucchero a velo o in quello semolato, aggiungendo se volete una ciliegia candita, gli anicini o delle mandorle. Mettete in frigorifero per almeno 6/8 ore quindi cuocete in forno statico a 180 °C per 10/15 minuti.

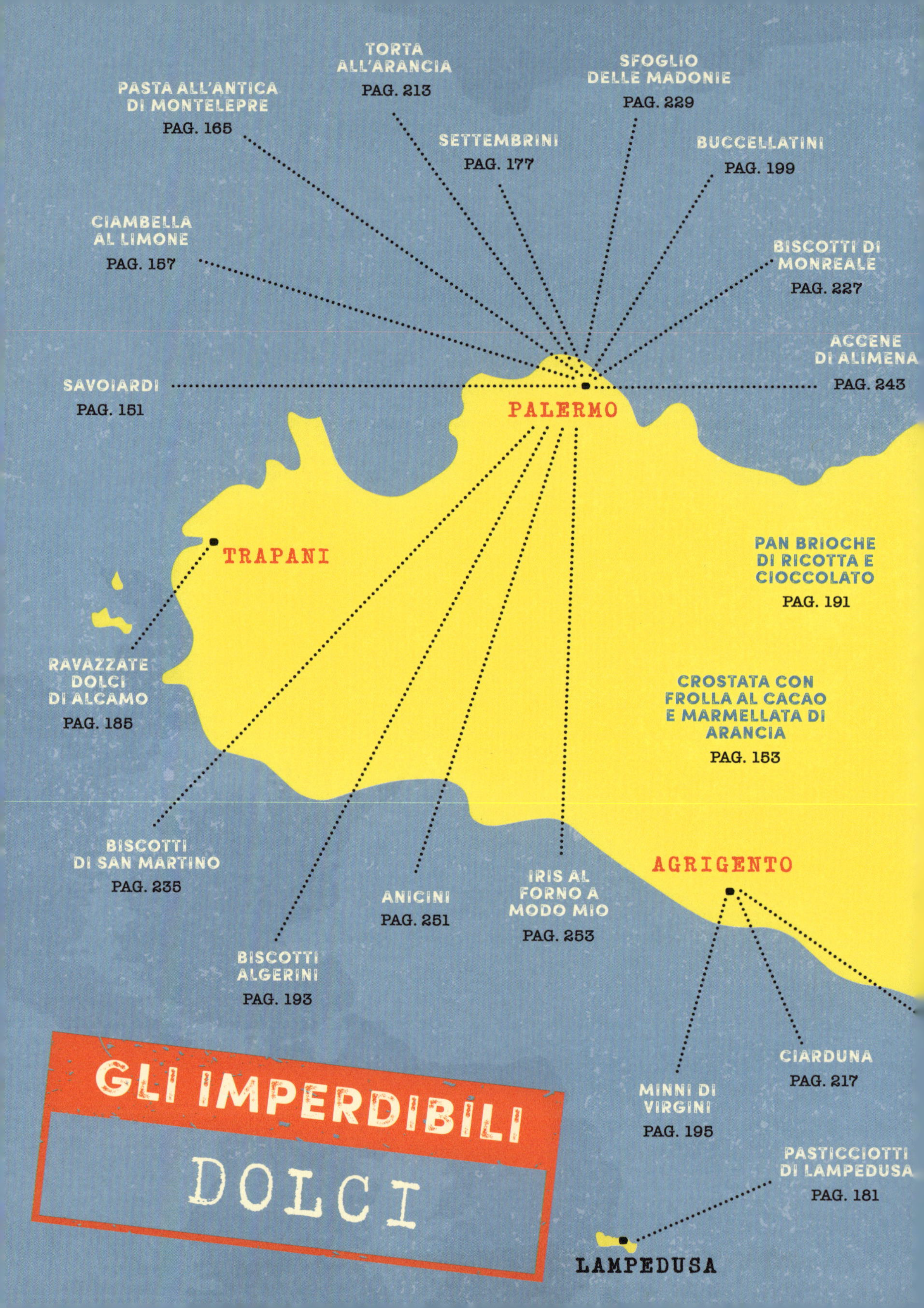
GLI IMPERDIBILI
DOLCI
TORTA ALL'ARANCIA
PAG. 213
SFOGLIO DELLE MADONIE
PAG. 229
PASTA ALL'ANTICA DI MONTELEPRE
PAG. 165
SETTEMBRINI
PAG. 177
BUCCELLATINI
PAG. 199
CIAMBELLA AL LIMONE
PAG. 157
BISCOTTI DI MONREALE
PAG. 227
ACCENE DI ALIMENA
PAG. 243
SAVOIARDI
PAG. 151
PALERMO
TRAPANI
PAN BRIOCHE DI RICOTTA E CIOCCOLATO
PAG. 191
RAVAZZATE DOLCI DI ALCAMO
PAG. 185
CROSTATA CON FROLLA AL CACAO E MARMELLATA DI ARANCIA
PAG. 153
BISCOTTI DI SAN MARTINO
PAG. 235
AGRIGENTO
ANICINI
PAG. 251
IRIS AL FORNO A MODO MIO
PAG. 253
BISCOTTI ALGERINI
PAG. 193
CIARDUNA
PAG. 217
MINNI DI VIRGINI
PAG. 195
PASTICCIOTTI DI LAMPEDUSA
PAG. 181
LAMPEDUSA

ISOLE EOLIE
LULÙ MESSINESI
PAG. 221
VIENNESI MESSINESI
PAG. 159
NACATULI EOLIANI
PAG. 203
PIPAREDDI
PAG. 173
MESSINA
TORTA DI ZUCCA E CIOCCOLATO
PAG. 225
TORTA DI LUCA E MARCO
PAG. 163
NACATULI DI BRONTE
PAG. 245
PLUMCAKE AL CIOCCOLATO
PAG. 233
RAME DI NAPOLI
PAG. 155
ENNA
CATANIA
CALTANISSETTA
BISCOTTI AL LIMONE
PAG. 211
MINNE DI SANT'AGATA
PAG. 169
BISCOTTINI AL PISTACCHIO
PAG. 175
SBRICIOLATA ALLA RICOTTA
PAG. 207
BANANA BREAD
PAG. 249
RAVIOLE
PAG. 239
SIRACUSA
RAGUSA
BISCOTTI RICCI MODICANI
PAG. 215
PASTE DI ELENA
PAG. 205
PASTA FORTE
PAG. 209
'MPANATIGGHI MODICANI
PAG. 187

SAVOIARDI

Livello di **difficoltà**
Non fare comparire i grumi quando mettete la farina

I savoiardi siciliani sono una specialità presente davvero in tutta l'Isola. Sono molto diversi da quelli più famosi diffusi soprattutto in Piemonte e in Sardegna. In realtà, questi biscotti sono conosciuti in tutte le regioni italiane che hanno subito l'influenza dei Savoia. Quindi a partire dal 1700 si diffusero anche nella nostra Isola, che fu governata dal re sabaudo Vittorio Amedeo II di Savoia. La ricetta da noi è stata poi rivista. Prendono diverse denominazioni a seconda del luogo in cui si fanno. A Caltanissetta si chiamano «raffiolini», nel ragusano «firrincozzi» o «firrincozza». Simili ai savoiardi sono anche le «giammelle» di San Cataldo. Sono molto diversi dai cugini piemontesi, infatti sono larghi e più soffici. Ottimi per l'inzuppo.

PREPARAZIONE

Montate gli albumi a neve fermissima con un pizzico di sale e metà dello zucchero, e teneteli da parte. Montate quindi i tuorli con l'altra metà dello zucchero fino a ottenere un impasto cremoso e bianco. Ci vorranno almeno 10 minuti. Unite gli albumi ai tuorli, mescolando con attenzione dal basso verso l'alto, aiutandovi con una marisa, e aggiungete a poco a poco la farina, la fecola e il lievito setacciati, mescolando con cura. Usando due cucchiai, o anche un sac à poche, fate le forme allungate dei biscotti e cospargete la superficie di zucchero semolato. Cuocete i biscotti nel forno in modalità statica a 200 °C per 15 minuti.

Mi raccomando: quando li mettete in teglia distanziateli bene, perché si allargheranno parecchio in cottura.

INGREDIENTI

Per 20 savoiardi

100 g di farina 00

100 g di fecola di patate

150 g di zucchero

4 uova

3 cucchiaini di lievito istantaneo per dolci

Scorza di **1** limone non trattato

1 pizzico di sale

Zucchero qb (per guarnire)

CROSTATA CON FROLLA AL CACAO E MARMELLATA DI ARANCIA

Livello di **difficoltà**

Nessuno

Questa crostata è una scoperta. La frolla al cacao è deliziosa, se poi la accostate alla marmellata di arance, sarà uno spettacolo. Mi raccomando, usate una marmellata biologica, se la trovate con i pezzetti di arancia ancora meglio!

PREPARAZIONE

Mettete il burro freddo insieme alla farina e al lievito e lavorate in planetaria o a mano fino a far sabbiare bene. Quindi unite il cacao, le uova, la scorza di un'arancia, un pizzico di sale e impastate. Se occorre, aggiungete un pochino di latte per compattare. Fate riposare la frolla in frigo per un'ora avvolta nella pellicola. Quindi stendetela e adagiatela su una teglia da crostata o a cerniera realizzando anche il bordo. Aggiungete la marmellata di arance, alla quale io ho aggiunto un cucchiaino di cannella. Realizzate le strisce di frolla con una rotella dentellata e posizionatele sopra la crostata. Cuocete in forno a 180 °C per 40/45 minuti.

Qui potete avere carta bianca sulla farcitura. L'accoppiata con l'arancia è molto buona, ma ovviamente potete anche mettere una golosa crema al cioccolato o alla nocciola, oppure una crema di ricotta o di latte, o anche della crema pasticcera.

INGREDIENTI

Per 8 persone

PER LA FROLLA:

300 g di farina 00

50 g di cacao amaro

150 g di burro

150 g di zucchero

Scorza di **1** arancia bio

½ bustina di lievito istantaneo per dolci

2 tuorli

1 uovo

1 pizzico di sale

Latte qb (se occorre)

PER LA FARCITURA:

300 g di marmellata di arance

1 cucchiaino di cannella

RAME DI NAPOLI

Non fatevi ingannare dal nome. Questi biscotti sono tipici della ricorrenza dei defunti nella città di Catania. Risalgono all'inizio dell'Ottocento. Non si sa perché si chiamino «di Napoli». Esistono varie ipotesi sull'origine del nome. Quella più accreditata pare sia legata a un vero e proprio omaggio della città alla capitale del Regno delle Due Sicilie. Ma c'è di più: pare che un pasticcere catanese si ispirò, nella loro realizzazione, a una nuova moneta in rame appena coniata per sancire l'unione del Regno di Napoli con il Regno della Sicilia.

PREPARAZIONE

Versate in planetaria (si può impastare anche a mano) la farina setacciata, l'ammoniaca, un pizzico di sale, la scorza grattugiata di un'arancia, la cannella, i chiodi di garofano in polvere, lo zucchero, il caco amaro, il miele, lo strutto e il latte intero. Mescolate e impastate fino a ottenere un composto corposo. Mettete sul piano e lavorate ancora con le mani, ricavando via via delle palline. Disponetele su una teglia foderata di carta forno e cuocete in forno caldo a 180 °C in modalità statica per 15/18 minuti.
Mentre le rame sono in forno, dedicatevi al cioccolato: mettetelo in un pentolino insieme al burro in modo da farlo sciogliere bene. Appena i biscotti sono pronti, spennellate con la marmellata di arance, glassate con la cioccolata e guarnite con la granella di pistacchio.

Prima di consumarli, fate asciugare bene la glassa, che dovrà indurirsi. Se non avete molto tempo, potete anche fare un passaggio in frigorifero. Se volete omettere la marmellata, potete farlo. Nel caso, per lasciare il profumo, potete mettere delle scorze di arance in superficie.

INGREDIENTI

Per 15/20 biscotti

PER L'IMPASTO:

250 g di farina 00
150 ml di latte intero
100 g di zucchero
70 g di cacao amaro in polvere
50 g di strutto
50 g di miele
4 g di ammoniaca per dolci
Scorza grattugiata di **1** arancia bio
½ cucchiaio di cannella in polvere
4 chiodi di garofano pestati e ridotti in polvere
1 pizzico di sale

PER GUARNIRE:

100 g di marmellata di arance
150 g di cioccolato fondente
50 g di burro
Granella di pistacchio qb

CIAMBELLA AL LIMONE

Livello di **difficoltà**

Spremere il limone!

Quando per la prima volta ho fatto questa ciambella al limone, mi sono io stessa stupita. Non poteva essere così morbida, umida, golosa, con quel retrogusto di limone che mi faceva davvero volare. Ricordo che mio marito mi disse: «È la torta migliore di sempre». Non feci fatica a capire che questa torta era davvero speciale nella sua semplicità, e che doveva assolutamente trovare un posto nel mio Olimpo personale di ricette. Quella glassa croccante, insieme alle scorzette di limone e alle foglioline di menta, erano una meraviglia. Ecco perché l'ho voluta fortemente in bella vista sulla copertina di questo libro. Fatela e godetevela. E pensatemi!!

PREPARAZIONE

Frullate due limoni piccoli nel mixer con tutta la buccia. Montate bene le uova con lo zucchero, fino a ottenere un composto bello spumoso. Aggiungete la farina 00 e quella di mandorle, il lievito e l'olio di semi. Unite la purea di limoni e impastate con le fruste per ottenere un composto liscio e cremoso. Mettete in una teglia a forma di ciambella del diametro 24 o 26 centimetri, quindi in forno a vapore per 50 minuti a 160 °C. Se non avete il forno a vapore, potete sistemare una ciotola d'acqua nel vostro forno. Il risultato finale sarà così una torta morbida e umida.
Per la glassa, mettete lo zucchero a velo in una ciotola e aggiungete a poco a poco il succo di un limone: ne occorreranno 3/4 cucchiai per ottenere una giusta consistenza cremosa. Se occorre, unite anche un pochino d'acqua. Versate sulla ciambella. Guarnite con menta fresca e scorze di limone.

Per questa torta è necessario trovare dei limoni freschi e biologici, in quanto si utilizza per intero la buccia. Se i limoni sono piccoli, usatene due; se grandi, ne basta uno da mettere nell'impasto.

INGREDIENTI

Per 8/10 persone

PER L'IMPASTO:

200 g di farina 00
100 g di farina di mandorle
180 g di zucchero
150 ml di olio di semi
3 uova
2 limoni non trattati
1 bustina di lievito istantaneo per dolci

PER LA GLASSA:

500 g di zucchero a velo
Succo e scorza di **1** limone
Acqua qb (se occorre)

PER GUARNIRE:

Menta fresca qb
Scorza di limone qb

VIENNESI MESSINESI

Livello di **difficoltà**
Per mani esperte

Tra i dolci tipici della tradizione siciliana, le viennesi hanno fatto grande Messina. Una città che davvero ha tantissime delizie dolci e salate, che sono un onore per tutta la Sicilia. Se vogliamo semplificare, sono sorelline dei più famosi maritozzi. La differenza principale sta nella farcitura, che non è solo panna, ma è una sorta di crema diplomatica, con l'aggiunta di qualche cucchiaio di panna alla crema pasticcera. La ricetta tradizionale prevede per la brioche una bagna al rum, ma io non amo molto i dolci «alcolici», quindi li ho fatti senza.

INGREDIENTI

Per una decina di viennesi

PER L'IMPASTO:

250 g di farina manitoba
250 g di farina 00
50 g di burro o strutto
250 ml di latte intero
12 g di lievito di birra fresco
60 g di zucchero
1 pizzico di sale

PREPARAZIONE

Sciogliete il lievito nel latte e aggiungete lo zucchero. Unite le due farine al latte con il lievito, quindi a poco a poco il burro. Impastate bene, fino ad assorbimento del burro, e aggiungete il sale. Lavorate bene il composto fino a ottenere una consistenza morbida ma non collosa. Lasciate lievitare fino al raddoppio. Ci vorranno circa 2 ore. Dopo la lievitazione, ricavate delle palline da 70/80 grammi e lasciatele lievitare anche un'ora. Dategli una forma un po' più ovale. Prima di metterle in forno, spennellate con il tuorlo d'uovo e il latte. Cuocete in forno statico a 180° C per 15/20 minuti.

Per la crema, incidete una stecca di vaniglia, mettetela in un pentolino con il latte e fate bollire. Montate i tuorli con lo zucchero e aggiungete la scorza grattugiata di un limone. Incorporate ai tuorli la fecola setacciandola. Togliete la stecca di vaniglia dal latte, versate il latte a filo nel composto e mescolate. Trasferite il composto in un pentolino e cuocete la crema, mescolando di continuo per non creare grumi.

PER LA CREMA:

2 tuorli

20 g di fecola di patate

50 g di zucchero

200 ml di latte intero

1 stecca di vaniglia

½ cucchiaino di estratto di vaniglia

4 cucchiai di panna da montare

Scorza di **1** limone

PER SPENNELLARE:

1 tuorlo

1 cucchiaio di latte

PER GUARNIRE:

Zucchero a velo qb

Togliete la crema pasticcera dal fuoco, lasciate raffreddare a temperatura ambiente e mescolate di tanto in tanto. Appena è completamente fredda, aggiungete la panna montata. Verrà un composto cremoso. Incidete le viennesi al centro e farcite con la crema, con l'aiuto di un sac à poche. Cospargete di zucchero a velo.

Se volete, potete aggiungere delle amarene sciroppate alla crema, oppure potete farcire solo con crema pasticcera o anche solo con panna. In questo caso saranno le cuginette dei maritozzi!!!

ANTA CRUZ CO
THE ULTIMATE WAVES

TORTA DI LUCA E MARCO

Livello di **difficoltà**

Mettere i confettini colorati!!!

Quando i miei bimbi hanno compiuto sei anni, in pieno lockdown, abbiamo festeggiato tra di noi, in famiglia. Nonostante il periodo terribile che stavamo vivendo, ho deciso che non doveva mancare nulla. Doveva essere una festa per loro, che già stavano soffrendo per un periodo storico che purtroppo nessuno di noi dimenticherà mai. Abbiamo realizzato insieme la torta che poi abbiamo messo a tavola con altre cosine che mi hanno chiesto. Da quel giorno è diventata la torta di Luca e Marco. Spero possa diventare anche la vostra torta per i compleanni dei bambini.

PREPARAZIONE

Montate le uova con lo zucchero, aggiungete l'olio e il latte a temperatura ambiente, quindi la ricotta. Unite la farina setacciata, così anche il lievito, l'estratto di vaniglia e il cacao amaro e amalgamate bene, fino a quando non avrete raggiunto un composto cremoso, che non dovrà risultare liquido. Aggiungete le gocce di cioccolato. Imburrate e infarinate una teglia da 24 o 26 centimetri, e versate il composto. Cuocete in forno preriscaldato a 160 °C per un'ora.
Io ho usato il forno a vapore con le stesse modalità. Controllate bene la cottura con uno stuzzicadenti prima di spegnere il forno. Fate raffreddare, quindi tagliate a metà, farcite con la crema alle nocciole e richiudete. Spalmate con la crema anche la parte superiore e laterale e decorate con i confetti colorati.

Questa torta è una base meravigliosa per qualsiasi farcitura vorrete realizzare. Ottima anche senza cacao. Nel caso, dovrete mettere 300 g di farina. Farcitela con la panna e i frutti di bosco. Sarà una delizia!

INGREDIENTI

Per 10 persone

PER L'IMPASTO:

300 g di ricotta vaccina fresca

180 g di zucchero

70 ml di latte

250 g di farina 00

70 g di cacao amaro

90 ml di olio di semi

50 g di gocce di cioccolato

4 uova

1 bustina di lievito istantaneo per dolci

1 cucchiaino di estratto di vaniglia

PER GUARNIRE:

400 g di crema alle nocciole

200 g di confetti al cioccolato colorati (tipo Smarties)

PASTA ALL'ANTICA DI MONTELEPRE

Livello di **difficoltà**
Per mani esperte

Ho fatto questo dolce grazie all'input di Simone, un mio affezionato utente che mi ha suggerito questa ricetta tipica del suo paese, Montelepre. Devo dire che è stato amore a prima vista e, come prima volta, è venuto davvero bene. Ne ho avuto conferma il giorno che ho assaggiato una «pasta all'antica» fatta proprio a Montelepre, che mi hanno portato alcuni amici del posto durante la Fiera internazionale del turismo a Milano. Un tempo, questo dolce veniva consumato solo in occasione dei matrimoni, ma oggi è facilmente reperibile nelle pasticcerie di Montelepre durante tutto l'anno. C'è anche la sagra della pasta all'antica, patrocinata dal comitato dei festeggiamenti del Santissimo Crocifisso, mentre in ambito nazionale è approdata a Terra Madre di Slow Food a Torino. Alla pasta all'antica è stata anche attribuita la denominazione comunale, quindi è un prodotto De.Co. del comune di Montelepre, insieme ad altri prodotti come la «scacciata monteleprina», i «maccarruna», le «sfinci di Prescia», il «buccellato» o «cucciddatu di Montelepre», la «vastedda» di farina di grano duro, il «vota e svota» e l'«astrattu di pomodoro».

PREPARAZIONE

PER LA PASTA

Impastate in planetaria o a mano la farina setacciata con lo zucchero, lo strutto tagliato a pezzetti, l'uovo e l'ammoniaca, aggiungendo via via il latte a filo fino a ottenere una pasta liscia e compatta. Formate una palla, avvolgetela in una pellicola e lasciatela riposare in frigorifero per almeno 30 minuti.

PER LA CREMA DI LATTE

Stemperate l'amido in poco latte freddo. Incorporate lo zucchero e il latte rimasto, unite la cannella, la stecca di vaniglia e la scorza di limone e mescolate fino a farlo addensare. Fate raffreddare.

INGREDIENTI

Per 10-15 pezzi

PER LA PASTA:

- **500 g** di farina Maiorca (oppure 00)
- **200 ml** di latte
- **100 g** di zucchero
- **130 g** di strutto
- **5 g** di ammoniaca per dolci
- **1** uovo

PER LA CREMA DI LATTE:

1 l di latte

100 g di amido per dolci

120 g di zucchero

1 pizzico di cannella

1 stecca di vaniglia

Scorza di **1** limone

PER LA GLASSA:

500 g di zucchero a velo

Acqua qb

PER GUARNIRE:

Granella di mandorle qb

Ciliegie candite qb

PER LA GLASSA

Mettete lo zucchero a velo in una ciotola e aggiungete pochissima acqua, in modo da formare una glassa cremosa e densa.

Stendete l'impasto (spessore di circa 1 centimetro), ritagliate tanti dischetti del diametro di 10 centimetri e posizionateli in una teglia con carta forno. Cuocete in forno statico preriscaldato a 200 °C per 15 minuti circa. Fate raffreddare e tagliate i dischetti di pasta a metà, mettete un cucchiaio di crema sulla parte inferiore di ogni dischetto e coprire con un altro disco. Spennellate quindi tutta la superficie (la parte superiore e i bordi) con la glassa di zucchero, poi decorate i bordi del dolce con la granella di mandorle e la parte superiore con una ciliegia candita. Fate asciugare la glassa prima di mangiare.

Questi dolcetti sono deliziosi. Potete conservarli anche per qualche giorno, ma in frigorifero. Saranno come appena fatti.

Palermo vista da Montepellegrino

MINNE DI SANT'AGATA

Livello di **difficoltà**
Considerevole ma troppo belle per non farle

Sant'Agata è la patrona di Catania. Santa adorata e venerata. La festa di Sant'Agata, che si svolge a febbraio, è considerata una delle celebrazioni religiose più straordinarie del mondo. Vi partecipano tutti i catanesi, ma anche tantissimi visitatori dall'Italia e dall'estero, che si recano appositamente ai piedi dell'Etna per partecipare a questo evento unico. Ovviamente non può mancare un dolce meraviglioso ispirato e dedicato alla santa protettrice di balie, nutrici e donne affette da patologie al seno. Prima che venissero associati ad Agata, questi dolcetti erano noti come «minnuzzi 'i vìrgini», il che potrebbe indicare che fossero una specialità delle monache del monastero delle Vergini di Palermo. Ma sono le minne di Sant'Agata a essere rimaste nella storia che è stata tramandata fino a oggi. E che io voglio farvi conoscere attraverso queste pagine.

PREPARAZIONE

PER IL PAN DI SPAGNA
Montate le uova con lo zucchero e un pizzico di sale. Ci vorranno almeno 10 minuti per ottenere un composto spumoso e morbido. Aggiungete le polveri setacciate e la scorza di limone, mescolando con cura, dal basso verso l'alto. Mettete in uno stampo da 24 centimetri e infornate a 170 °C per 30 minuti.

PER LA CREMA DI RICOTTA
Unite la ricotta allo zucchero: fatela riposare per almeno 2 ore (più tempo la lasciate meglio è), quindi setacciatela. Appena pronta aggiungete le gocce di cioccolato.

PER LA PASTA REALE AL PISTACCHIO
Mettete sul fuoco un pentolino e versate lo zucchero e l'acqua, fino a completo scioglimento dello zucchero. Spegnete e aggiungete le farine di mandorla e pistacchio. Fate raffreddare e lavorate con le mani fino a ottenere un impasto omogeneo.

INGREDIENTI

Per 10-15 pezzi

PER IL PAN DI SPAGNA:
100 g di farina 00
80 g di amido di grano
180 g di zucchero
6 uova
Scorza di **1** limone
1 pizzico di sale

PER LA BAGNA:
3 cucchiai di zucchero
½ cucchiaino di essenza di vaniglia
Acqua qb

PER LA CREMA DI RICOTTA:

1 kg di ricotta di pecora

300 g di zucchero

50 g di gocce di cioccolato

PER LA PASTA REALE AL PISTACCHIO:

100 g di farina di pistacchio

200 g di farina di mandorle

300 g di zucchero a velo

100 ml di acqua

PER LA GLASSA DI ZUCCHERO:

500 g di zucchero a velo

Acqua qb

PER GUARNIRE:

Ciliegie candite qb

PER LA GLASSA DI ZUCCHERO

Versate lo zucchero in una ciotola e unite a poco a poco l'acqua fino a ottenere una glassa corposa.

PER IMPOSTARE IL DOLCE

Prendete un coppapasta di 5/6 centimetri e ricavate dei dischi di pan di Spagna, spennellate con la bagna per renderli più morbidi e umidi. Aiutandovi con lo zucchero a velo, stendete con il matterello la pasta reale al pistacchio e ricavate dei cerchi leggermente più grandi di quelli di pan di Spagna. Prendete uno stampo da muffin (i più giusti sono quelli semisferici che si trovano nei negozi che vendono articoli per pasticceria oppure online), spolverate di zucchero a velo, poggiate la pasta reale, facendo attenzione a coprire bene i bordi, mettete la crema di ricotta e coprite con il disco di pan di Spagna. Pigiate bene. Fate riposare un'ora in frigorifero o 30 minuti in freezer. Girate lo stampo e sformateli, quindi glassate con la glassa di zucchero e decorate con la ciliegia. Fate asciugare e servite.

Questo dolcetto, anche se ha una procedura lunga, merita di essere realizzato almeno una volta nella vita. Vi regalerà grandi soddisfazioni. Parola di Giusina!

Villa Bellini
a Catania

PIPAREDDI

Livello di **facilità**

Elevato!

I pipareddi (in italiano piparelli) sono biscotti speziati simili ai cugini quaresimali e ai cantucci toscani per forma e consistenza. Tipici di Messina, il loro nome deriva, secondo quello che ci hanno tramandato, o dall'uso del pepe nell'impasto, oppure dalle stufe a legna in cui anticamente venivano cotti a soli 50 °C anche per due giorni consecutivi e dalle quali usciva del fumo che assomigliava a quello delle pipe. Un tempo i piparelli venivano prodotti soltanto per le feste, ma oggi sono facilmente reperibili nelle pasticcerie e nei forni locali durante tutto l'anno.

PREPARAZIONE

Impastate a mano o in planetaria la farina con lo strutto, quindi unite lo zucchero, il miele, gli aromi, la scorza d'arancia e di limone, il pepe e l'ammoniaca. Se l'impasto dovesse risultare troppo duro, aggiungete un goccio di latte. Alla fine, unite le mandorle spezzettate. Con l'impasto ottenuto create dei filoni allungati larghi 4/5 centimetri, disponeteli su una teglia rivestita con carta forno e spennellateli con l'uovo sbattuto. Quindi cuocete i filoni di pasta in forno statico preriscaldato a 180° C per circa 30 minuti. A cottura completata, lasciate raffreddare e tagliate a fette, quindi rimettete in teglia i biscotti e cuoceteli a 160 °C per circa 10 minuti, quindi girateli e continuate la doratura anche dall'altro lato.

La particolarità di questi biscottini sono proprio le spezie, che regalano un sapore unico, meraviglioso. Se volete ometterle, ovviamente potete, ma si perderà la peculiarità di questo dolcetto. Al posto dell'ammoniaca, potete usare il bicarbonato (circa 10 grammi).

INGREDIENTI

Per 15/20 persone

PER L'IMPASTO:

500 g di farina 00

100 g di strutto

100 g di zucchero

100 g di miele

300 g di mandorle tostate spezzettate

4 g di ammoniaca per dolci

Scorza di **1** arancia non trattata

Scorza di **1** limone

1 pizzico di cannella

½ cucchiaino di pepe macinato

Qualche chiodo di garofano tritato

PER SPENNELLARE:

1 uovo

food

BISCOTTINI AL PISTACCHIO

Livello di **difficoltà**
Resistere prima che arrivino gli ospiti!

Questi biscotti sono pazzeschi nella loro semplicità. Se poi avete a casa dei pistacchi buoni, che potete frullare per ottenere una bella farina, il più è fatto. Sì, perché il segreto di questi dolcetti è proprio nella qualità degli ingredienti, soprattutto per quanto riguarda i pistacchi. In Sicilia abbiamo due grandi poli per la produzione di questo frutto prezioso, che sono Bronte, in provincia di Catania, e Raffadali, in provincia di Agrigento. Se vi trovate da quelle parti, dovete proprio assaggiarli. Sembrerà di mangiare il pistacchio per la prima volta.

PREPARAZIONE

Unite le farine di mandorle e di pistacchi, aggiungete gli albumi sbattuti e lo zucchero. Risulterà un composto appiccicoso. Stendete una quantità di impasto sulla mano, aggiungete la crema di pistacchi e chiudete dando la forma che più vi piace. Passate nello zucchero a velo, quindi nel forno ben caldo a 200 °C in modalità statica per 10/15 minuti.

Questi dolcetti sono goduriosi nella loro semplicità. Potete anche farli vuoti o farcire con crema al cioccolato. Così, però, vi assicuro, sono perfetti!

INGREDIENTI

Per 6 persone

PER L'IMPASTO:

150 g di farina di pistacchi

50 g di farina di mandorle

160 g di zucchero

150 g di crema di pistacchi

2 albumi

PER GUARNIRE:

Zucchero a velo qb

SETTEMBRINI

Livello di **difficoltà**
Ci vuole un po' di manualità

Questi biscottini mi ricordano la mia infanzia. Il panificio dove andavo da bambina, quando era il periodo dei fichi, li sfornava ogni giorno. Il profumo mi inebriava, anche se non li mangiavo, mi saziavo solo respirando quella indimenticabile fragranza. Ci sono delle cose che rimangono indelebili nella nostra vita, e a volte ti restano impressi anche gli odori. Questo è uno di quei casi. Devo ammettere che se da piccolina mi piaceva solo il profumo, crescendo ne ho apprezzato anche la bontà. Se avete dei fichi a casa, è l'ora di mettervi all'opera.

PREPARAZIONE

PER LA FARCITURA
Private i fichi della buccia, tagliateli a pezzi e fateli andare in padella con il miele e le scorze di arancia e limone. Quindi fate raffreddare un po' e aggiungete la frutta secca, frullata in modo grossolano. Lasciate sul fuoco fino a ottenere un composto tipo confettura. Fate raffreddare e solo dopo riponete in freezer per una decina di minuti.

PER LA FROLLA
Mescolate la farina con lo strutto, quindi aggiungete lo zucchero, l'ammoniaca, l'uovo, il latte, la vaniglia, la scorza di arancia e un pizzico di sale. Compattate bene e fate riposare in frigorifero almeno per un'ora.

INGREDIENTI

Per 20/30 biscotti

PER LA FROLLA:

500 g di farina 00

160 g di strutto

160 g di zucchero

4 g di ammoniaca per dolci

50 ml di latte intero

1 uovo

Punta di 1 cucchiaino di estratto di vaniglia

1 pizzico di sale

Scorza di **1** arancia

PER LA FARCITURA DI FICHI:

500 g di fichi freschi

80 g di mandorle e nocciole tostate

3 cucchiai di miele

½ cucchiaino di cannella

Scorza di **1** limone e di **1** arancia

PER GUARNIRE:

Zucchero a velo qb

Stendete quindi la pasta frolla fino a ottenere una sfoglia sottile mezzo centimetro di forma rettangolare. Aiutatevi con della farina per evitare che la frolla si appiccichi al matterello. Disponete il ripieno di fichi e frutta secca al centro della sfoglia, quindi chiudete entrambi i lembi verso il centro. Deve venire un serpentone. Fate riposare in freezer per mezz'ora, quindi tagliate a pezzi e mettete in forno per 20 minuti a 200 °C. Servite cospargendo di zucchero a velo.

Questi biscotti sono perfetti perché si conservano per diversi giorni, anche oltre la settimana. Vi consiglio di metterli in una latta, così non perderanno la loro fragranza. Se non avete i fichi e avete comunque voglia di farli, usate la confettura di fichi.

PASTICCIOTTI DI LAMPEDUSA

Livello di **difficoltà**
Trovare le formine dei pasticciotti

Spesso con grande piacere mi condividete le vostre ricette, e quando posso le replico. Ne ho diverse in cantiere, e prima o poi le farò tutte. Questa mi arriva da Monica Pace, direttamente dall'isola di Lampedusa. Non stupitevi se si chiamano pasticciotti come quelli salentini: sono simili nell'impasto ma diversi nella farcitura e nel modo in cui sono guarniti. Sono deliziosi, molto carini anche da portare a tavola. Una merenda o un fine pasto davvero squisito.

PREPARAZIONE

In planetaria (o in una ciotola, se impastate a mano) inserite le farine e il lievito con lo strutto, quindi lo zucchero, le uova, la vaniglia e la buccia di limone finemente grattugiata. Impastate finché il composto è bello compatto. Fate riposare una mezz'ora in frigorifero, quindi stendete la frolla con un matterello fino a ottenere uno spessore di circa mezzo centimetro, inseritela nelle formine dei pasticciotti, che prima avrete imburrato leggermente, e farcite con un cucchiaio di crema alla nocciola o con la confettura che preferite. Chiudete con un altro velo di impasto, fate uscire bene l'aria e sigillate bene i bordi. Prima di infornare, spennellate con tuorlo e latte. Cuocete a 180 °C in forno statico per almeno 20 minuti. Non appena pronti, fate raffreddare e decorate con glassa e codette colorate.

INGREDIENTI

Per una ventina di pasticciotti

PER L'IMPASTO:

250 g di farina 00

250 g di farina di grano duro

150 g di zucchero

200 g di strutto

3 uova

1 bustina di lievito istantaneo per dolci

½ cucchiaino di estratto di vaniglia

Scorza di **1** limone

PER LA GLASSA:

250 g di zucchero a velo

2 albumi

2 cucchiai di succo di limone

PER LA FARCITURA:

Crema alle nocciole qb

Confettura qb

PER GUARNIRE:

1 tuorlo

Latte qb

Codette colorate qb

Per la glassa, montate con le fruste lo zucchero e gli albumi e il succo di limone. Deve risultare molto fluida e densa.

Se non doveste avere le formine dei pasticciotti, potete usare i pirottini classici in alluminio. Conta la sostanza, non la forma! Comunque, se volete togliervi uno sfizio, io ho preso per pochi euro le formine dei pasticciotti online.

Isola dei Conigli
a Lampedusa

RAVAZZATE DOLCI DI ALCAMO

Livello di **difficoltà**
Non farle crepare durante la cottura

Non stupitevi se parliamo di ravazzate dolci, visto che tutti conosciamo sicuramente quelle con il ragù, protagoniste incontrastate della rosticceria palermitana. Ad Alcamo si chiamano così queste gustose frolle ripiene di crema di ricotta, che sono identificative del territorio. La ricetta originale non ha il burro, io ho deciso di metterlo perché la frolla mi soddisfa di più. Voi potete basarvi anche sulla ricetta originale.

PREPARAZIONE

Unite la farina e l'ammoniaca al burro, quindi iniziate a impastare. Aggiungete poi lo zucchero e le uova, la scorza di un limone, l'estratto di vaniglia e un pizzico di sale. Impastate a mano o in planetaria. Create un composto omogeneo e fate riposare in frigorifero mezz'ora.
Nel frattempo, mettete insieme la ricotta e lo zucchero. Occorre farli amalgamare bene per qualche ora (se riusciste anche 6/7 ore). Appena pronta, setacciate, quindi aggiungete le gocce di cioccolato.
Stendete l'impasto e ricavate dei cerchi di 10 centimetri con un coppapasta. Mettete al centro la ricotta e coprite con un altro disco di impasto. Sigillate con l'albume. Spennellate con tuorlo d'uovo e latte, e cuocete in forno statico per circa 20 minuti a 180 °C.
Servite con zucchero a velo.

Le classiche sono queste con la ricotta, ma nulla vieta che possiate farcirle anche con una meravigliosa crema pasticcera!

INGREDIENTI

Per 12/15 ravazzate

PER LA FROLLA:

350 g di farina 00
100 g di burro
150 g di zucchero
4 g di ammoniaca per dolci
2 tuorli
1 uovo
½ cucchiaino di estratto di vaniglia
1 pizzico di sale
Scorza di **1** limone

PER LA CREMA:

500 g di ricotta di pecora
150 g di zucchero
Gocce di cioccolato qb

PER GUARNIRE:

1 tuorlo
Latte qb
Zucchero a velo qb

'MPANATIGGHI MODICANI

Livello di **difficoltà**

Non impressionarsi per l'utilizzo della carne!

Questi dolci, tipici di Modica, furono probabilmente creati da pasticceri siciliani nel XVI secolo durante la dominazione spagnola in Sicilia. Lo si evince dal nome, in quanto è chiara l'assonanza con «empanadillas» e anche per l'utilizzo, apparentemente non comune, della carne in un dolce, che è un chiaro richiamo alla tradizione legata all'America Latina. La carne è quindi un ingrediente importantissimo di questa ricetta e vi invito davvero a non avere il pregiudizio che avevo io prima di mangiarli per la prima volta. Sono dei dolci davvero speciali. I primi erano fatti con la selvaggina, poi si continuò con la carne di manzo. La tradizione ci racconta che le monache, che per prime diedero vita alle 'mpanatigghi, nascondevano la carne trita tra mandorle e cioccolato per fare dei dolcetti più ricchi e calorici, che potevano anche conservarsi a lungo, per i fratelli che giravano senza sosta a predicare tra i conventi della Sicilia. Per questo Leonardo Sciascia li definì proprio «biscotti da viaggio». Prime testimonianze dei dolcetti si hanno a Palermo nel monastero dell'Origlione. Quest'anno, durante il mio programma *Giusina in cucina on the road*, le ho realizzate insieme a Gianni Petriglieri, capo pasticcere del tempio delle meraviglie, ovvero della Dolceria Bonaiuto. Sublimi. Le vedete nella foto a fianco. Che emozione quel momento... Indelebile.

PREPARAZIONE

PER LA FARCITURA

Scottate in padella la carne di manzo con un pizzico di sale, unite il cioccolato di Modica tritato e mescolate, quindi aggiungete le mandorle, lo zucchero, la polvere di chiodi di garofano e di cannella, il miele e un uovo. Fate amalgamare bene e fate raffreddare per 10/12 ore in frigorifero. Se il composto vi risulterà magari un po' troppo morbido, potete aggiungere un cucchiaio di farina di ceci o semola di grano duro.

PER L'IMPASTO

Impastate (a mano o con la planetaria) la farina setacciata con lo strutto spezzettato, unite lo zucchero e i tuorli d'uovo. Mettete anche un pizzico di sale, l'ammoniaca e unite qualche

INGREDIENTI

Per circa 30 dolcetti

PER L'IMPASTO:

500 g di farina 00

150 g di zucchero

70 ml di acqua

130 g di strutto

5 tuorli

½ cucchiaino di ammoniaca per dolci

Sale qb

PER LA FARCITURA:

100 g di zucchero

300 g di mandorle tostate tritate

300 g di macinato di bovino

150 g di cioccolato modicano

1 uovo

1 cucchiaio di miele

Punta di 1 cucchiaio di chiodi di garofano in polvere

Punta di 1 cucchiaio di cannella

1 pizzico di sale

PER GUARNIRE:

Zucchero a velo qb

cucchiaio d'acqua, qualora l'impasto vi sembri troppo duro. Fate riposare per almeno un'ora a temperatura ambiente se non c'è molto caldo, altrimenti in frigorifero.
Stendete l'impasto molto sottile (deve essere quasi trasparente) e fate con un coppapasta dei cerchi di circa 10 centimetri di diametro. Mettete la farcitura al centro e chiudete come se fosse un panzerotto, sigillando bene con i rebbi di una forchetta. Con una forbice bucate la calotta superiore dell'impasto, facendo proprio uno squarcio. Cuocete in forno statico a 180 °C per circa 10 minuti. Servite spolverando con zucchero a velo.

Il segreto di questi dolcetti è che devono restare molto chiari, quindi occhio alla cottura. Non distraetevi!

PAN BRIOCHE DI RICOTTA E CIOCCOLATO

Livello di **difficoltà**

Stare attenti alla lievitazione

Questo pan brioche è molto particolare, perché l'aggiunta della ricotta gli regala una morbidezza e sofficità fuori dal comune. L'ho fatto una volta per prova, come esperimento. Il risultato è stato più che soddisfacente e quindi lo condivido con tutto il cuore con voi.

PREPARAZIONE

Sciogliete il lievito nell'acqua con lo zucchero, quindi aggiungete nella ciotola o in planetaria la ricotta, la farina, l'uovo, il sale e impastate, fino a ottenere un composto ben elastico. Aggiungete le gocce di cioccolato. Fate lievitare almeno 2 ore. Dovrà raddoppiare. Poi fate delle palline di circa 60 grammi e disponetele in teglia distaccate fra loro. Fate lievitare ancora un'ora. Spennellate con uovo e latte, e cuocete in forno statico a 180 °C per 20/30 minuti. Servite con zucchero a velo.

Se volete, aggiungete anche della scorza di arancia grattugiata, gli regalerà un profumo meraviglioso.

INGREDIENTI

Per 6/8 persone

PER L'IMPASTO:

300 g di farina tipo 00

12 g di lievito di birra fresco

100 g di ricotta vaccina

120 ml di acqua

50 g di zucchero

70 g di gocce di cioccolato

1 uovo

1 pizzico di sale

PER GUARNIRE:

1 tuorlo

2 cucchiai di latte

Zucchero a velo qb

BISCOTTI ALGERINI

Livello di facilità

Immenso

Non ci sono testimonianze storiche sulla loro origine o provenienza: secondo alcuni sarebbe plausibile l'ipotesi che furono creati dalle suore (ancora le monache, artefici di tante delizie dolci siciliane) del monastero Sett'Angeli di Palermo attorno al 1600. Ma non ci sono conferme storiche che avvalorino questa ipotesi. Si utilizza lo strutto, ma, se si vuole, si può anche usare il burro. Sono anche loro protagonisti della tradizione dolciaria siciliana e fanno bella mostra in tutti i panifici, avvolti da un candido mantello di zucchero a velo. Deliziosi.

PREPARAZIONE

Impastate la frolla, mettendo la farina con lo strutto tagliato a pezzetti, quindi unite l'uovo, lo zucchero e l'ammoniaca. Se occorre, aggiungete qualche cucchiaio di acqua o di latte. Compattate bene sul piano, avvolgete in pellicola e fate riposare per un'oretta. Stendete l'impasto non troppo sottile (a me piacciono un po' più alti) e ritagliate i biscotti algerini usando una formina con i bordi dentellati. Cuoceteli in forno preriscaldato a 200 °C per 20/25 minuti. Servite cospargendo di abbondante zucchero a velo.

Ottimi da mangiare per inzuppo, possono conservarsi a lungo nelle scatole di latta, mantenendo inalterata la loro croccantezza.

INGREDIENTI

Per circa 40 dolcetti

PER L'IMPASTO:

300 g di farina 00

100 g di strutto

100 g di zucchero

5 g di ammoniaca per dolci

1 uovo

1 pizzico di sale

Latte qb

PER GUARNIRE:

Zucchero a velo qb

MINNI DI VIRGINI

Livello di **difficoltà**
Questa è davvero un po' difficile però merita almeno una prova!

Le minni (seni) di virgini sono dolci che secondo la tradizione hanno la forma di mammelle. Ripiene di crema di latte, gocce di cioccolato e zuccata, le minni di virgini sono il vanto della pasticceria di Sambuca di Sicilia, paesino dell'entroterra agrigentino, al confine con la provincia di Trapani, dove furono fatte per la prima volta nel 1725. Sono fiera di averle proposte in televisione, perché con grande sorpresa e onore il comune di Sambuca mi ha voluto dare un importante riconoscimento come ambasciatrice delle minni di virgini. La storia legata alle loro origini è molto bella. A crearle - pare - fu suor Virginia Casale di Rocca Menna su commissione della marchesa di Sambuca, che desiderava rendere speciale il matrimonio del figlio coronandolo con un dolce diverso dai soliti in voga a quel tempo. Come scrisse la suora, a ispirarla furono le colline sambucesi che si scorgevano dalle finestre del suo convento e che facevano pensare ai seni di una donna. Grazie suor Virginia: hai creato una meraviglia. Questa è la mia ricetta; ogni famiglia, come spesso accade, ha la sua.

PREPARAZIONE

PER L'IMPASTO

Impastate a mano o in planetaria la farina assieme allo strutto tagliato a pezzetti, quindi aggiungete lo zucchero, l'uovo, la vaniglia e all'occorrenza un po' di latte per ottenere un composto morbido e corposo. Avvolgete l'impasto in una pellicola e lasciatelo riposare in frigorifero per un'oretta.

PER LA FARCITURA

Stemperate l'amido in poco latte freddo. Incorporate lo zucchero, la cannella e il latte rimasto, mescolando fino a farlo addensare bene, toglietelo dal fuoco e, sempre continuando a mescolare, versate la crema in una ciotola e lasciate raffreddare.

INGREDIENTI

Per una decina di minni

PER L'IMPASTO:

500 g di farina 00

150 g di zucchero

½ cucchiaino di estratto di vaniglia

170 g di strutto

2 uova

Latte qb (se occorre)

PER LA FARCITURA:

1 l di latte

100 g di amido per dolci

120 g di zucchero

120 g di zuccata

100 g di scaglie di cioccolato fondente

Cannella qb

PER GUARNIRE:

Zuccherini colorati qb

Zucchero a velo qb

Acqua qb

PER SPENNELLARE:

Albume qb

Stendete l'impasto della frolla fino a ottenere uno spessore mediamente sottile (circa 5/6 millimetri) e dotatevi di due coppapasta. Uno più piccolo per realizzare la base (10 centimetri) e uno più grande (12 centimetri) per la copertura. Stendete su ciascuno dei dischi piccoli uno strato di zuccata, quindi aggiungete le scaglie di cioccolato e una dose corposa di crema di latte con un sac à poche, fino a formare una sorta di montagnetta. Coprite la farcitura con uno dei dischi di pasta frolla più grandi, sigillando bene. Con un piccolo pezzettino di impasto, realizzate una pallina e mettetela in cima. Aiutatevi spennellando la parte con l'albume per farla aderire bene. Spennellate poi le minni di virgini con l'albume e cuocete in forno preriscaldato a 200 °C per circa 30 minuti. Appena pronte, fatele raffreddare, spennellatele con una glassa leggera di zucchero a velo e acqua, infine cospargetele con i confettini di zucchero colorati e lasciatele asciugare prima di mangiarle.

Questi dolcetti sono stupefacenti, una bontà esagerata. Molti di voi, sicuramente, mi diranno che non hanno in casa la zuccata. La trovate online o nei negozi che vendono ingredienti per le pasticcerie. Se proprio non la trovate, non mettetela. Non potete privarvi di questa meraviglia...

BUCCELLATINI

Livello di **difficoltà**

Apparente

Sontuoso, reale, goloso, appetitoso, ricco. Se vogliamo riassumerlo in una sola parola, ecco a voi il buccellato. Il simbolo del Natale palermitano che raccoglie il meglio della nostra cultura. Un insieme di ingredienti che messi insieme danno vita a un dolce meraviglioso, che ha origini molto antiche. Pare che furono gli antichi romani i primi a realizzare un buccellato *ante litteram*, il «panis coronarius», che aveva una forma a corona come il nostro. Non era buono all'inizio, ma poi cominciarono a renderlo più gustoso inserendo proprio alcuni elementi che ritroviamo anche oggi, come i fichi e il miele. In dialetto viene chiamato «cucciddatu», che deriva dal greco «kollura», che vuol dire «impasto». Molto diffuso in tutta la provincia di Palermo, ha per lo più una forma circolare. Ma si presenta anche nella forma a tocchetti, chiamati «buccellatini», che è quella che vi presento qui io. Sono questi quelli che le massaie, già a novembre, cominciano a impastare per averli pronti per Natale, conservati nelle latte, al fresco.

PREPARAZIONE

Versate in una ciotola o in planetaria (gancio a foglia) la farina con lo strutto, fate amalgamare bene, quindi aggiungete lo zucchero, l'uovo, l'ammoniaca, un pizzico di sale, il latte e la scorza di arancia. Impastate fino a ottenere una frolla corposa, realizzate un panetto e fate riposare in frigorifero per un'ora. Nel frattempo, sbollentate l'uvetta e i fichi e tritate questi ultimi al coltello. In una ciotola mescolate i fichi tritati, l'uvetta, l'arancia e la zucca candita, le noci, o pistacchi e le mandorle tritate, la scorza d'arancia e di limone, la cannella, la polvere di chiodi di garofano e il Marsala. Tagliate al coltello dei tocchetti di cioccolato fondente, quindi uniteli al resto del ripieno e amalgamate con un altro cucchiaio di Marsala. Stendete la frolla con il matterello fino a formare un cerchio, quindi ricopritela con il ripieno prima di arrotolarla su sé stessa.

INGREDIENTI

Per 12 persone

PER LA FROLLA:

500 g di farina 00

160 g di strutto

160 g di zucchero

4 g di ammoniaca per dolci

50 ml di latte intero

1 uovo

1 pizzico di sale

Scorza di **1** arancia

PER LA FARCITURA:

400 g di fichi secchi

50 g di cioccolato fondente a pezzi

70 g di mandorle tritate

70 g di pistacchi tritati

70 g di noci tritate

50 g di zucca candita a pezzetti

50 g di arancia candita a pezzetti

150 g di confettura di fichi

70 g di uvetta

3 cucchiai di Marsala

1 cucchiaino di cannella

1 pizzico di polvere di chiodi di garofano

Scorza di **1** arancia

Scorza di **1** limone

PER LA GLASSA:

250 g di zucchero a velo

2 albumi

2 cucchiai di succo di limone

Acqua qb

PER GUARNIRE:

Zuccherini colorati qb

Fate un bel rotolo e tagliate a fette. Disponetele su carta forno, spennellate con un composto di tuorlo e latte e infornate a 180 °C in modalità statica per circa 30 minuti. Sfornate i buccellati e fate raffreddare.
Nel frattempo, preparate la glassa: versate in planetaria (gancio a frusta) lo zucchero a velo, gli albumi e il succo di limone. Montate fino a raggiungere un composto cremoso. Se occorre unite anche un po' d'acqua. La glassa deve risultare corposa e candida. Se non avete la planetaria, montate con le fruste elettriche o a mano. Bagnate i biscotti nella glassa e guarnite con gli zuccherini colorati. Fate asciugare prima di mangiarli.

Questa versione è molto più facile da fare rispetto alla corona di buccellato, che però è sempre molto interessante. Se volete farla, chiudete il rotolo e, anziché tagliare a fette, mettete in uno stampo a ciambella. Bucate con i rebbi di una forchetta e infornate per circa 50 minuti. Poi spennellate con una confettura qualsiasi e decorate con frutta candita e granella di pistacchi.

Il Duomo di Cefalù

VIAGGIO IN
SICILIA
GIUSINA
IN CUCINA

NACATULI EOLIANI

Livello di **difficoltà**
Fare gli intagli in modo artistico!

Questi piccoli capolavori dolciari sono tipici delle festività natalizie: pare si consumassero abitualmente nel giorno dell'Epifania, ma, ovviamente, se andate in vacanza alle Eolie, li troverete in bella mostra nei panifici e nelle pasticcerie. Con alcune varianti sul nome (nucatoli, nucatali, nacatula) sono diffusi in molte zone della Sicilia e hanno in comune il fatto di essere ripieni. La loro importanza e diffusione hanno regalato al dolce il riconoscimento di Prodotti agroalimentari tradizionali italiani. Diffusi anche nella vicina Calabria, pare che il nome derivi da «naca», che vuol dire «culla», perché la loro forma originale ricorda la culla di Gesù Bambino. Una visione dolce e romantica che mi ha colpito moltissimo.

PREPARAZIONE

Unite in una ciotola (o in planetaria) la farina, lo strutto, lo zucchero, un uovo, un tuorlo, un bicchiere di Malvasia e un cucchiaio d'acqua, amalgamate bene fino a ottenere un composto omogeneo. Mettete a riposare l'impasto per circa un'ora in frigorifero. Nel frattempo, dedicatevi al ripieno: in un contenitore capiente, unite la farina di mandorle, lo zucchero, il succo e le scorze di mandarino, la cannella e lavorate il composto ottenuto sul piano.
Stendete con il matterello una porzione di impasto molto sottile e ricavate degli ovali con un taglierino dai bordi dentellati, farcite con il ripieno e richiudete con un altro velo di impasto. Intagliateli con una lametta e un rastrellino da cucina, per fare le decorazioni. Infornate in modalità statica a 180 °C per circa 20 minuti fino a doratura.

Se avete una manualità migliore della mia, potete intagliare il dolcetto facendo una vera e propria opera d'arte... vedrete che bel risultato.

INGREDIENTI

Per una ventina di dolcetti

PER L'IMPASTO:

500 g di farina Maiorca (o 00)

80 g di strutto

70 g di zucchero

1 uovo

1 tuorlo

2 cucchiai d'acqua (se necessari)

1 bicchiere di Malvasia delle Lipari

PER LA FARCITURA:

500 g di farina di mandorle

350 g di zucchero

100 ml di succo di mandarino

Scorza grattugiata di **2** mandarini

1 cucchiaino di cannella

PASTE DI ELENA

Livello di **difficoltà**
Laboriosetto!

Le paste di Elena sono tortine di pan di Spagna farcite con crema di ricotta e guarnite con mandorle tritate. Tipiche del comune agrigentino di Favara, furono inventate dai pasticceri Francesco Butticè e Vincenzo Albergamo in omaggio alla regina d'Italia Elena di Savoia, moglie del re Vittorio Emanuele III. Si racconta che, assaggiando una pasta Elena durante la sua visita nell'agrigentino, la regina ne apprezzò molto sia il sapore sia la dedica. Il suggerimento per la realizzazione è arrivato da Iolanda, che insieme alla piccola Matilde mi segue con affetto in televisione. Ho fatto la loro ricetta, ed eccomi qua a condividerla con voi.

PREPARAZIONE

Montate con la planetaria o con le fruste le uova insieme alla scorza di limone e a un pizzico di sale. A poco a poco aggiungete lo zucchero fino a ottenere un impasto gonfio e spumoso. Occorreranno almeno 10 minuti. Aggiungete la farina, mescolando con cura. Potete farlo con le fruste o potete continuare a mano, aiutandovi con una paletta. Mettete in uno stampo da 24 centimetri e infornate in modalità statica a 180 °C per 45 minuti.
A parte preparate la crema di ricotta. Mettete insieme la ricotta con lo zucchero: fatela riposare per qualche ora (l'ideale sarebbe una notte intera), quindi setacciatela. Tagliate il pan di Spagna a dischetti con un coppapasta da 10 centimetri, bagnateli con acqua e zucchero, farcite con crema di ricotta e chiudeteli come un panino. Cospargete di crema anche l'esterno, aiutandovi con una spatola, e rotolate nelle mandorle tritate. Decorate con zucchero a velo.

Per il pan di Spagna, ognuno ha una propria ricetta del cuore. Questa è la mia. Potete mettere anche l'estratto di vaniglia (o una bacca) insieme al limone, oppure al posto del limone. Sarà molto profumato.

INGREDIENTI

Per una decina di paste

PER IL PAN DI SPAGNA:
100 g di farina 00
80 g di amido di grano
180 g di zucchero
6 uova
1 pizzico di sale
Scorza di **1** limone

PER LA BAGNA:
Acqua qb
Zucchero qb

PER LA CREMA:
500 g di ricotta di pecora
150 g di zucchero

PER GUARNIRE:
Mandorle tritate qb
Zucchero a velo qb

SBRICIOLATA ALLA RICOTTA

Livello di **difficoltà**
Per principianti

Quando faccio la cassata al forno, mi dite che vi sembra troppo difficile da fare, perché avete paura di non saper lavorare bene la frolla. Vi preoccupa la fase di stesura e poi il passaggio del velo di frolla nella teglia. Ecco qui la ricetta giusta per voi. Una sbriciolata che vi sorprenderà per la sua semplicità e per la sua ottima riuscita. Vi posso garantire che non potrete fallire, mai. Provatela e mi direte.

PREPARAZIONE

Grattugiate la scorza del limone e unitela allo zucchero. Aggiungete la farina e il burro, quindi le uova, il lievito e il sale. Lavorate senza però arrivare ad avere una frolla compatta, dovete ottenere delle briciole. Rovesciate sul fondo della tortiera metà impasto sbriciolato, coprendo anche i bordi, e sistematelo con le mani. Versateci sopra la ricotta e il cioccolato e finite con il restante impasto sbriciolato ben distribuito su tutta la superficie. Cuocete in forno statico per 45 minuti a 180 °C. Spolverate con zucchero a velo e cannella.
Per la crema alla ricotta, unite lo zucchero alla ricotta e mescolate bene. Fate riposare almeno 2/3 ore (più tempo avete meglio è), quindi setacciatela per rendere la crema il più fluida possibile. Aggiungete le gocce di cioccolato.

Preparatela un giorno prima della consumazione: sarà ancora più buona.

INGREDIENTI

Per 8 persone

PER LA FROLLA:

350 g di farina 00

150 g di burro

150 g di zucchero

2 tuorli

1 uovo

2 cucchiaini di lievito istantaneo per dolci

1 pizzico di sale

Scorza di **1** limone non trattato

PER LA CREMA DI RICOTTA:

500 g di ricotta di pecora

150 g di zucchero

70 g di gocce di cioccolato

PER GUARNIRE:

Zucchero a velo qb

Cannella qb

PASTA FORTE

Livello di **difficoltà**

Inesistente

Questo è un dolcetto che prende vita nell'ibleo. Ho trovato la ricetta in un antico libro che mi hanno regalato, che raccoglie molte preparazioni desuete e spesso non annoverate nei ricettari tradizionali. Biscotti in cui protagoniste assolute sono le mandorle, che regalano alla frolla un effetto crunch davvero unico e speciale. Provateli e mi saprete dire.

PREPARAZIONE

Frullate in modo grossolano le mandorle, quindi unite il burro morbido, la farina e l'ammoniaca, la scorza di limone, la vaniglia, le uova e lo zucchero. Aggiungete un pizzico di sale e impastate il tutto con le mani fino a ottenere un panetto. Fate riposare per circa 30 minuti, poi prendete dei pezzetti di impasto, realizzate le forme che volete (sono famosi per essere irregolari) e mettete in una teglia ricoperta di carta forno: cuocete nel forno per circa 20 minuti a 180 °C in modalità statica.

Questi biscotti sono deliziosi nella loro semplicità. Le mandorle gli doneranno quella croccantezza che li renderà unici al morso. Conservateli in una latta, resteranno freschi come se fossero appena fatti per diversi giorni.

INGREDIENTI

Per 30 dolcetti

500 g di farina 00

300 g di mandorle tostate

300 g di zucchero

150 g di burro

4 g di ammoniaca per dolci

2 uova

1 pizzico di sale

½ **cucchiaino** di estratto di vaniglia

Scorza grattugiata di **1** limone

BISCOTTI AL LIMONE

Volevo un biscotto al limone ma goloso. Ho cercato diverse ricettine e alla fine mi sono concentrata su un paio che mi hanno colpito: è venuta fuori questa versione davvero super. Il valore aggiunto è avere dei limoni freschi, succosi e biologici. Poi anche la glassa fa il suo dovere, rendendoli davvero speciali. Abbiamo la fortuna di avere dei limoni meravigliosi tutto l'anno in Italia. In Sicilia abbiamo quelli della piana di Catania e il limone Igp di Siracusa, e li utilizziamo tantissimo in diverse preparazioni sia dolci che salate.

PREPARAZIONE

Versate in planetaria (ma si può impastare anche a mano) lo zucchero con il burro, aggiungete la scorza e il succo di limone, incorporate l'uovo e un pizzico di sale, la farina, la fecola e il lievito. Impastate con il gancio a foglia, fino a ottenere un composto sodo. Riportate anche sul piano per modellarlo al meglio, e fatelo riposare per un'ora in frigorifero. Nel frattempo, preparate la glassa montando in planetaria gli albumi insieme allo zucchero a velo e al succo di limone, e lasciate da parte.
Dall'impasto ricavate delle palline, passatale nello zucchero semolato, appiattite leggermente con un cucchiaio e infornate a 190 °C in modalità statica per 15 minuti.
Fate raffreddare i biscottini, poi intingeteli nella glassa e fateli asciugare.

Se volete farli asciugare in fretta, perché non vedete l'ora di mangiarli, metteteli nel forno caldo (spento) e lasciateli lì qualche minuto.

INGREDIENTI

Per 20/30 biscottini

PER L'IMPASTO:

250 g di farina 00
50 g di fecola di patate
100 g di zucchero
100 g di burro
1 uovo
2 cucchiaini di lievito istantaneo per dolci
1 pizzico di sale
Scorza e succo di **1** limone non trattato
Zucchero semolato qb (in aggiunta)

PER LA GLASSA:

250 g zucchero a velo
2 albumi
2 cucchiai di succo di limone

TORTA ALL'ARANCIA

Livello di **facilità**

Estremo

Se dico che questo è uno dei miei dolci preferiti, mi dovete credere. Lo mangio da quando ero bambina e mi è rimasto nel cuore. Lo faccio sempre quando è il periodo degli agrumi, e ogni volta cambio sempre qualcosa nel modo di servirlo. Qui voglio offrirvi la versione con la glassa e le arance candite: mi piace tantissimo da portare a tavola, perché la trovo molto elegante, sontuosa e bella da vedere.

PREPARAZIONE

Frullate due arance nel mixer con tutta la loro buccia (solo se sono biologiche, altrimenti toglietela). Con le fruste montate le uova con lo zucchero, quindi unite l'olio di semi, le arance precedentemente frullate, le farine e il lievito. Dovete ottenere un composto liscio e setoso. Imburrate e infarinate uno stampo da 24 centimetri e versate il composto. Cuocete in forno a vapore per un'ora a 160 °C. Se non avete il forno a vapore, potete mettere nel vostro forno una ciotola d'acqua. La torta sarà morbidissima.
Per fare la glassa, mettete in una ciotola lo zucchero a velo, unite a poco a poco il succo delle arance (potrebbe anche volercene di meno, dipende dalla grandezza delle arance) e realizzate una glassa bella corposa. Versatela sulla torta appena si sarà un po' raffreddata e decorate con scorzette di arance.

Se volete evitare la glassa, potete anche mettere solo un po' di zucchero a velo e delle lamelle di mandorle o mandorle tritate.

INGREDIENTI

Per 10 persone

PER L'IMPASTO:

200 g di farina 00

100 g di farina di mandorle

150 g di zucchero

150 g di olio di semi

2 arance biologiche

3 uova

1 bustina di lievito istantaneo per dolci

PER LA GLASSA:

500 g di zucchero a velo

Succo di **2** arance

PER GUARNIRE:

Scorzette di arance qb

BISCOTTI RICCI MODICANI

Livello di **difficoltà**

Fare le forme!

Nella mia recente visita a Modica sono stata felice di provare tantissime bontà della zona: tra dolce e salato c'è davvero da impazzire, per i sapori eccezionali nella loro semplicità. Li avevo già fatti nel mio programma questi biscotti ricci, chiamati anche «squisiti modicani». Ho assaggiato anche i mustozzola e i nucatoli, altre due meraviglie. La loro forma a «esse» (così come molti biscotti della tradizione dolciaria italiana) li caratterizza e li rende molto riconoscibili. Anche in Sicilia ce ne sono diverse varianti come i biscotti a «esse» di Monreale (trovate la ricetta più avanti), i viscotta da monaca nel catanese, in qualche modo anche i viscotta di Natali di Barrafranca e i biscotti di casa di Bronte, che richiamano questa forma.

PREPARAZIONE

Mettete in una ciotola le uova con lo zucchero, mescolate e unite lo strutto morbido, amalgamate e aggiungete l'ammoniaca. Quindi a poco a poco la farina setacciata, la cannella e impastate. Appena l'impasto avrà preso un po' corpo, unite il succo di arancia e la scorza di limone. Fate un composto bello morbido e omogeneo. Trasferitelo in un sac à poche con la bocchetta a stella, oppure in una macchina per la pasta. Sarà un po' duretto, quindi risulterà un po' faticoso con il sac à poche. Fate le forme a esse e passatele una parte nello zucchero e l'altra parte nel cacao amaro, oppure, se preferite, fate un mix di zucchero e cacao, così come ho fatto io. Mettete in teglia con carta forno e cuocete a 180 °C in forno statico per 15/20 minuti.

A me piace molto sentire il profumo di arancia. Se volete, potete anche mettere solo un po' di scorzetta e sostituire questa parte liquida con qualche cucchiaio di latte.

INGREDIENTI

Per 40/50 biscottini

PER L'IMPASTO:

500 g di farina 00

150 g di zucchero

100 g di strutto

4 g di ammoniaca per dolci (o lievito istantaneo)

2 uova

½ cucchiaino di cannella

Succo di **1** arancia

Scorza di **1** limone

Latte qb (se serve)

PER GUARNIRE:

Zucchero qb

Cacao qb

CIARDUNA

Livello di **difficoltà**

Facile ma ci vuole manualità

Se conoscete i cannoli e li amate, come credo, dovete assolutamente provare a fare i ciarduna, in italiano ciardoni, tipici dell'agrigentino. Una ricetta antica, che per fortuna sopravvive e che spero possa appassionarvi. Simili al cannolo nella forma, hanno una differenza sostanziale, nella scorza. Si tratta infatti di un involucro di frolla croccante che accompagnato dalla crema e dalle mandorle tostate risulta davvero speciale.

PREPARAZIONE

Mettete in planetaria (ma potete lavorare anche a mano) la farina setacciata con lo strutto e iniziate a impastare. Poi unite lo zucchero, l'uovo, l'ammoniaca, l'estratto di vaniglia e continuate a impastare bene fino a ottenere un composto morbido. Se risulta asciutto, aggiungete un po' di latte. Lasciate riposare in frigorifero per un'oretta. Lavorate l'impasto su un ripiano infarinato e stendete una sfoglia sottile con il matterello, quindi ritagliate delle forme rettangolari o romboidali di circa 8/10 centimetri, avvolgetele intorno ai cilindri in acciaio imburrati e posizionateli su una teglia rivestita con carta forno. Cuocete in forno statico per 15/20 minuti a 180 °C.
Per la crema di ricotta, unite la ricotta allo zucchero: fatela riposare per qualche ora, quindi setacciatela.
Preparate lo sciroppo di zucchero, sciogliendo lo zucchero in un tegame con l'acqua, poi portate a ebollizione, togliete dalla fiamma e lasciate raffreddare.
Prendete quindi i ciardoni cotti, staccandoli dal cilindro, e con un sac à poche riempiteli con la ricotta, poi spennellateli con lo sciroppo di zucchero e rotolateli nella granella di mandorle tostate. Servite spolverando con zucchero a velo.

INGREDIENTI

Per 10/15 ciardoni

PER L'IMPASTO:

500 g di farina Maiorca (o 00)

120 g di zucchero

80 g di strutto

1 uovo

½ **cucchiaino** di estratto di vaniglia

4 g di ammoniaca per dolci (o mezza bustina di lievito)

Latte qb (se necessario per compattare meglio la frolla)

PER LA FARCITURA:

500 g di ricotta di pecora

150 g di zucchero

PER LO SCIROPPO DI ZUCCHERO:

350 g di zucchero

150 ml di acqua

PER GUARNIRE:

Granella di mandorle tostate qb

Zucchero a velo qb

Dopo averli fatti e impiattati, mi sono venute in mente altre modalità per realizzare questo dolce sublime, ma non volevo intaccare la tradizione. Però ve ne dico un paio: fare una granella di nocciole, mandorle e pistacchi, per esempio; oppure farcirli con crema al cioccolato o di pistacchio, anziché con la ricotta... Io non vi ho detto niente!

LULÙ MESSINESI

Livello di **difficoltà**

Non sbagliare la cottura

I lulù sono un altro importante simbolo della pasticceria messinese, che trae ispirazione da lavorazioni semplici ma tradizionali. Messina è davvero una grande realtà in fatto di dolci (alcuni li trovate in questa raccolta) e spesso viene ricordata anche un po' ingiustamente solo per la meravigliosa granita e le classiche brioche con il tuppo. Messina invece è una fonte di ispirazione davvero incredibile. I lulù sono dei bignè ma con una forma particolare: sembrano dei funghi giganti e farciti con la panna sono proprio irresistibili. Mi raccomando, non aprite mai il forno durante la cottura. Vedrete che risultato!

PREPARAZIONE

In un pentolino, fate bollire l'acqua con il burro tagliato a pezzetti, lo zucchero e il sale. Quando il burro si è sciolto e l'acqua bolle, aggiungete la farina setacciata tutta in una volta e amalgamate bene, mescolate fino a quando l'impasto si stacca dal fondo e dai bordi della pentola. Trasferite il composto nella ciotola della planetaria e fatelo raffreddare azionando il gancio, oppure (se lo fate a mano) allargatelo un po' per fare in modo che si raffreddi più velocemente. Appena l'impasto è pronto, iniziate ad aggiungere le uova. Uno alla volta. Unite il secondo appena il primo si è assorbito.
Otterrete un composto bello morbido ma compatto. Imburrate e infarinate dei pirottini d'alluminio (l'ideale sarebbero quelli per il babà che trovate online o nei negozi che vendono articoli per pasticceria). Riempiteli per metà con il composto usando un sac à poche. Cuocete in forno preriscaldato e statico a 200 °C per 30 minuti: se dopo i primi 20 minuti sono troppo colorati, copriteli con della stagnola o della carta forno.

INGREDIENTI

Per una decina di dolcetti

PER L'IMPASTO:

120 g di farina 00
80 g di burro
150 ml di acqua
4 g di sale
2 uova
1 cucchiaio di zucchero

PER GUARNIRE:

500 ml di panna

20 g di zucchero a velo

PER SERVIRE:

Zucchero a velo qb

Dopo 30 minuti, spegnete e lasciate in forno a riposare avendo cura di lasciare lo sportello semiaperto aiutandovi con un cucchiaio di legno. Appena si saranno raffreddati, tagliateli a metà ma senza aprirli del tutto e farciteli di panna montata con il sac à poche. Spolverate con zucchero a velo.

Per fare la panna montata, mettete la panna ben fredda in una ciotola, aggiungete lo zucchero a velo e montate con le fruste.

Potete farcire come più vi piace, anche con della crema pasticcera, o con del cioccolato. Fate come più vi ispira!

Le isole Eolie viste dal Castello di Milazzo

TORTA DI ZUCCA E CIOCCOLATO

Livello di **facilità**
Estremamente facile

Non riesco a far mangiare volentieri le verdure ai miei bambini, quindi mi tocca prenderli in giro. Ogni settimana, quando è la stagione delle zucche, preparo questa torta che dura diversi giorni ed è la merenda o la colazione (dipende dalle giornate) di Marco e Luca. La zucca è molto presente, ma nessuno la sentirà. La sua essenza è testimoniata solo dalla morbidezza e dall'umidità di questa torta davvero meravigliosa. Per me una garanzia!

PREPARAZIONE

Tagliate la zucca a tocchetti e frullatela cruda. Aggiungete l'olio e il latte. A parte montate le uova con lo zucchero, quindi aggiungete tutti gli altri ingredienti, compresa la purea di zucca. Alla fine, mettete anche le gocce di cioccolato (per non farle cadere tutte in basso, cospargetele con un po' di farina) e mescolate con un cucchiaio. Imburrate e infarinate una teglia da 24 o 26 centimetri. Cuocete in forno statico a 160 °C per un'ora. Io ho cotto nel forno a vapore. Potete inserire una ciotola d'acqua nel forno per cercare di creare un effetto simile. Appena pronta, se volete, spolverate con zucchero a velo.

Questa torta si può fare anche bianca, senza cacao ma con le gocce di cioccolato. In questo caso, potete sostituire il cacao con la stessa quantità di farina. Io la preferisco così, ma i bimbi la vogliono al cioccolato!

INGREDIENTI

Per 8/10 persone

300 g di zucca
200 g di farina 00
80 g di cacao amaro
250 g di zucchero
100 ml di olio di semi
100 ml di latte
100 g di gocce di cioccolato
½ cucchiaino di estratto di vaniglia
1 bustina di lievito istantaneo per dolci
4 uova
1 pizzico di sale

BISCOTTI DI MONREALE

Livello di **difficoltà**

Fare le forme

Sembra ridondante, ma in ogni tipo di dolce della tradizione siciliana c'è sempre un po' di storia. Qui c'è il cuore di Monreale, il paese di origine normanna che domina dall'alto Palermo. Se capitate a Palermo, la tappa a Monreale è d'obbligo. Il duomo e il chiostro sono dei capolavori d'arte risalenti al 1174 che dovete vedere una volta almeno nella vita. I biscotti hanno origine grazie alle monache, in particolare nel monastero di San Castrense. Furono amati subito da tutti, diventando i biscotti per eccellenza da intingere nel tè, soprattutto per i nobili del tempo. Anche Tomasi di Lampedusa ne parla nel *Gattopardo*. Questa è una ricetta molto buona, chissà però quale sarà l'originale!!!

PREPARAZIONE

Impastate a mano o in planetaria con gancio a foglia la farina con lo strutto, quindi aggiungete lo zucchero, il tuorlo d'uovo, l'ammoniaca e la vaniglia, unendo a poco a poco il latte fino a ottenere una pasta liscia e omogenea. Potrebbe non servire tutto (il latte). Fate riposare in frigorifero per almeno 30 minuti. Prendete dei pezzetti di impasto e modellateli dandogli una forma a esse. Cuocete i biscotti in forno statico preriscaldato a 200 °C fino a doratura (120 minuti circa).

Una volta sfornati, mettete i biscotti di Monreale a raffreddare, quindi guarniteli con la glassa al limone.

Per preparare la glassa, montate in planetaria o con le fruste i due albumi con lo zucchero a velo insieme al succo di limone.

Se preferite evitare la glassa, vi posso assicurare che sono perfetti anche così al naturale, o spolverati di zucchero a velo. Profumano di tradizione. Li adoro!

INGREDIENTI

Per una quarantina di dolcetti (dipende dalla dimensione)

PER L'IMPASTO:

500 g di farina Maiorca (o 00)

100 g di zucchero

130 ml di latte

100 g di strutto

4 g di ammoniaca per dolci

1 tuorlo

½ cucchiaino di estratto di vaniglia (o una bacca)

PER LA GLASSA:

150 g di zucchero a velo

1 albume

2 cucchiai di succo di limone

Livello di **difficoltà**
Trovare la tuma

SFOGLIO DELLE MADONIE

Lo sfoglio delle Madonie ha origini lontanissime nella mia vita. Ricordo che quando lo assaggiai per la prima volta ero una bimba, ma non dimentico quell'esplosione di sapore che me lo ha fatto amare subito. È un dolce tipico delle Madonie, una catena montuosa del palermitano. C'è da anni una querelle sulla sua paternità. Polizzi Generosa e Petralia Soprana se la contendono e, dopo tante accuse e recriminazioni, si è deciso di chiamarlo più genericamente sfoglio delle Madonie. Tra tante incertezze, l'unica certezza è la bontà di un dolce realizzato con la tuma. Provatelo, se trovate una tuma fresca. Vi stupirà davvero. Esistono varie ricette, supersegrete, e nessuno vuole far sapere all'altro quale sia l'ingrediente che lo rende unico e diverso dagli altri. Questa è la mia. E vi posso dire che, nel tempo, mi ha donato tante soddisfazioni.

PREPARAZIONE

Impastate la farina con lo strutto, unite lo zucchero, le uova e i tuorli, il Marsala e un pizzico di sale. Se l'impasto dovesse risultare un po' duro potete aggiungere qualche cucchiaio d'acqua. Appena l'impasto diventa omogeneo, avvolgetelo nella pellicola trasparente e riponetelo nel frigorifero per un'ora.
Nel frattempo, grattugiate la tuma, mischiatela con il cioccolato tritato e due albumi montati a neve, aggiungete lo zucchero, la cannella e mescolate bene fino a ottenere un composto omogeneo.
Spianate la pasta in due sfoglie, con la prima foderate il fondo e i bordi di una teglia unta con il burro. Praticate dei buchini con i rebbi di una forchetta. Riempite con il ripieno, coprite con l'altra sfoglia, fate ancora dei buchini sulla superficie, sigillate bene i bordi e infornate in modalità statica a 180 °C per circa 50 minuti. Appena la torta è pronta, fate raffreddare del tutto.

INGREDIENTI

Per 10 persone

PER LA FROLLA:
500 g di farina 00
200 g di strutto
250 g di zucchero
2 uova
2 tuorli
½ bicchiere di Marsala
1 pizzico di sale

PER LA FARCITURA:

500 g di tuma

200 g di zucchero semolato

100 g di cioccolato fondente tritato

2 albumi

½ **cucchiaino** di cannella

Acqua qb (se occorre)

PER GUARNIRE:

Cannella in polvere qb

Zucchero a velo qb

Quindi sformatela e servite dalla base, capovolgendola con attenzione. Spolverate con zucchero a velo e cannella.

Questa torta si conserva a lungo, anche 15/20 giorni; mi raccomando, fuori dal frigorifero. Dopo averla cotta, vi consiglio di mangiarla dopo diverse ore.

Il Duomo dei Santi Apostoli Pietro e Paolo a Petralia Soprana

PLUMCAKE AL CIOCCOLATO

Livello di **difficoltà**

Estremo

Questa ricetta nasce dalla necessità di utilizzare una banana che ormai non si poteva più mangiare. Avevo già fatto un bel banana bread (troverete a pagina 249 la ricetta) e volevo accontentare mio figlio Luca, grande appassionato di torte supercioccolatose. Ed ecco questo plumcake speciale, morbido, umido e molto goloso. Naturalmente potete anche farlo nella tortiera (scegliete una teglia da 22 o 24 centimetri).

PREPARAZIONE

Schiacciate la banana e mettetela in una ciotola. A parte montate le uova con lo zucchero, aggiungete la banana schiacciata, l'olio e l'estratto di vaniglia, quindi unite la farina setacciata con il lievito, il bicarbonato, il sale e il cacao. Mescolate bene in modo da ottenere un composto omogeneo, in ultimo aggiungete le gocce di cioccolato. Imburrate e infarinate lo stampo da plumcake e versate il composto, spargete sopra, in superficie, altre gocce di cioccolato. Cuocete in forno a vapore per 45 minuti a 160 °C. Se non avete il forno a vapore, potete mettere nel vostro forno una ciotola d'acqua. La consistenza sarà morbidissima.

Se volete fare una versione bianca, potete non mettere il cacao e sostituirlo con 70 grammi di farina in più. Aggiungete, prima di cuocere, la granella di zucchero in superficie. Io amo entrambe le versioni.

INGREDIENTI

Per 10/12 persone

150 g di farina 00

100 g di zucchero di canna integrale

80 ml di olio di semi

70 g di cacao amaro in polvere

10 g di lievito

60 g di gocce di cioccolato

2 uova

1 banana matura

1 pizzico di bicarbonato

1 pizzico di sale

1 cucchiaino di estratto di vaniglia

BISCOTTI DI SAN MARTINO

Livello di **difficoltà**
Sorprendente e facile

La festa di San Martino, che si celebra in tutta Italia l'11 novembre, ha una valenza importante anche in Sicilia. I biscotti di San Martino ne sono una chiara testimonianza. Chiamati anche «sammartinelli», si trovano in due varianti. Quella più conosciuta è un biscotto secco, molto croccante e speziato, che si mangia imbevuto in vini dolci. L'altra, che vi presento qui, e che è arrivata nel tempo e si trova in pasticceria, è una variante in cui la crema di ricotta ha un ruolo da protagonista. Alcuni li ricoprono anche di crema al cioccolato. Questa versione è la mia preferita.

PREPARAZIONE

Sciogliete il lievito nell'acqua e lasciatelo un attimo da parte. Quindi mettete nel boccale della planetaria la farina, il burro, lo zucchero, iniziate a impastare e aggiungete a filo, a poco a poco, l'acqua con il lievito e mezza dose di Marsala. Appena l'impasto avrà preso corpo, unite il sale, i chiodi di garofano, i semi di anice e la cannella. Impastate ancora, poi fate riposare fino al raddoppio. Per non farlo seccare troppo, ungete l'impasto con del burro. Una volta pronto, ricavatene dei pezzetti da 60/70 grammi. Stendeteli formando un cordoncino, che poi avvolgerete su sé stesso, formando una chiocciola. Sigillate l'ultimo pezzetto con un goccio d'acqua in modo che non si apra in cottura. Adagiate su una teglia ricoperta di carta forno e fate cuocere in forno statico preriscaldato a 180 °C per 30 minuti. Appena pronti, fateli raffreddare completamente. Eliminate la calotta del biscotto e tenetela da parte. Svuotate, se necessario, con un coltellino un po' l'interno, che dovrà contenere la crema. Spennellate l'interno con il Marsala rimasto diluito con un po' d'acqua. Stessa cosa farete con la calotta.

INGREDIENTI

Per 15/20 biscotti

PER L'IMPASTO:

500 g di farina 00

100 g di zucchero

80 g di burro

150 ml di acqua tiepida

15 g di lievito di birra fresco

½ bicchiere di Marsala

1 cucchiaino di semi di anice

1 pizzico di cannella

Qualche chiodo di garofano macinato

Sale qb

PER LA CREMA DI RICOTTA:

500 g di ricotta di pecora

150 g di zucchero

Gocce di cioccolato qb

PER GUARNIRE:

Zucchero a velo qb

Preparate la crema, mettendo insieme la ricotta con lo zucchero: fatela riposare per qualche ora, poi setacciatela e aggiungete le gocce di cioccolato. Farcite con la crema di ricotta servendovi del sac à poche. Quindi chiudete con la calotta. Spolverate di zucchero a velo e servite.

Se non volete utilizzare il Marsala per ammorbidirli, potete fare una bagna di acqua e zucchero aromatizzata alla vaniglia. Oppure usate del rum.

Scorcio di Favignana

RAVIOLE

Livello di **difficoltà**
Alla portata di tutti

Da noi in Sicilia i ravioli sono femmine, e nella maggior parte dei casi si tratta di magnifici dolci. Ho mangiato una raviola indimenticabile, fritta, a Palazzolo Acreide, fatta dal bar Infantino, che difficilmente potrò cancellare dalla mia memoria. Il ripieno mi ha stupito perché era con ricotta vaccina, non di pecora, eppure era una meraviglia lo stesso. Anche alla Posada, sul lungomare di Catania, penso di aver mangiato la raviola di sfoglia più buona di sempre. Simili nella forma ma diverse nella sostanza sono le raviole siracusane, fatte di una morbida pasta brioche, il cui ripieno può essere alla ricotta, alla crema pasticcera o al cioccolato.

INGREDIENTI

Per una decina di raviole

PER L'IMPASTO:

250 g di farina manitoba
250 g di farina 00
60 g di burro
250 ml di latte
12 g lievito di birra fresco
60 g di zucchero
1 pizzico di sale
Scorza di **1** arancia
Estratto di vaniglia qb

PER LA CREMA DI RICOTTA:

500 g di ricotta di pecora
150 g di zucchero
Gocce di cioccolato qb

PREPARAZIONE

Sciogliete nella planetaria (o in una ciotola, se impastate a mano) il lievito direttamente nel latte, unite lo zucchero e iniziate a impastare. Mettete poi il mix di farine manitoba e 00, quindi il burro a pezzetti e continuate a fare andare l'impasto. A seguire aggiungete l'estratto di vaniglia, la scorza d'arancia e un pizzico di sale. Ricavate un impasto morbido e non appiccicoso. Lasciate riposare per circa 2 ore fino al raddoppio. Ricavate delle forme di circa 90 grammi ciascuna e fate riposare ancora per altri 30 minuti.
Nel frattempo, preparate la crema al cioccolato sciogliendo le polveri, amido e cacao, in un po' di latte freddo, unite lo zucchero, mettete sul fuoco mescolando fino a farle addensare. Lasciate raffreddare.
Per la crema di ricotta, mettete insieme la ricotta con lo zucchero: fatela riposare per qualche ora (più riposa meglio è), poi setacciatela e aggiungete le gocce di cioccolato.

PER LA CREMA AL CIOCCOLATO:

250 ml di latte

1 cucchiaio di amido di mais

2 cucchiai di cacao in polvere

2 cucchiai di zucchero

PER SPENNELLARE:

1 tuorlo

Latte qb

PER GUARNIRE:

Zucchero a velo qb

Appena le pagnottelle avranno terminato la lievitazione, stendetele con il matterello e farcitele al centro. Spennellate con l'albume metà del bordo interno e chiudetele come un panzerotto. Fate lievitare ancora per altri 30 minuti, quindi spennellate con tuorlo e latte per ottenere in cottura la doratura perfetta. Cuocete in forno statico a 180 °C per 20/25 minuti. Alla fine, una spolverata di zucchero a velo.

Potete anche farle più piccole per un buffet di dolci, magari in occasione di un evento speciale. Dimezzate la pagnottina (fatela da 40 grammi circa) e seguite poi lo stesso procedimento. L'ho fatto recentemente per una festa e sono state un successone.

ACCENE DI ALIMENA

Livello di **difficoltà**
Tenere a bada i bambini!

Anche questi biscottini deliziosi sono tipici del palermitano, precisamente di Alimena. Si realizzano nel periodo pasquale e richiamano simbolicamente il pane di Cristo. Sono a forma di colombina e si fanno durante la Settimana Santa. Sono fortemente legati alla tradizione, per questo è importante non perdere mai la memoria di dolci come questi. Io li ho fatti in televisione con i miei bambini e non vi nascondo che è stato meraviglioso. Fateli anche voi, in ogni momento che vorrete. Non solo a Pasqua. Infornare biscotti, sentirne il profumo, decorarli insieme ai propri bambini e famigliari sono tra i più bei momenti di condivisione che ci possano essere.

PREPARAZIONE

Per realizzare le accene di Alimena, impastate la farina con lo strutto, le uova, lo zucchero, il latte, l'ammoniaca e la scorza di limone. Lasciate riposare per circa un'ora, quindi realizzate i biscotti a forma di mezzaluna. Cuocete in forno statico per 25 minuti a 180 °C. Appena pronti, preparate la glassa montandola in planetaria con lo zucchero a velo, gli albumi, il succo di limone e un goccino d'acqua. Deve venire una glassa corposa e bella bianca. Quindi appena i biscotti si saranno raffreddati, potete decorarli con la glassa e cospargerli con zuccherini tondi colorati.

Se volete semplificare la realizzazione della glassa, potete utilizzare solo lo zucchero a velo e l'acqua, mescolando bene fino a ottenere un composto corposo.

INGREDIENTI

Per 35/40 dolcetti (dipende dalla dimensione)

PER L'IMPASTO:

500 g di farina 00
180 g di zucchero
120 g di strutto
5 g di ammoniaca per dolci
125 ml di latte
2 uova
Scorza di **1** limone

PER LA GLASSA:

250 g di zucchero a velo
2 albumi
2 cucchiai di succo di limone
Acqua qb

PER GUARNIRE:

Zuccherini tondi colorati qb

NACATULI DI BRONTE

Livello di **difficoltà**
Trovare la farina di pistacchi

Come vi ho accennato, i nacatuli o nucatoli sono molto diffusi in tutta la regione e, anche se hanno la stessa denominazione, cambiano tantissimo nell'essenza. Questi, per esempio, sono delle deliziose frolle ripiene di una crema al pistacchio molto intensa e per questo speciale. Nei miei giri in Sicilia ho scoperto che sono molto diffuse proprio nei bar del catanese e molto apprezzate da chi ama follemente (come me) il pistacchio. Se non hai l'acqua di rose (io l'ho trovata online), puoi ometterla e goderti lo stesso questo amabile dolcetto.

PREPARAZIONE

PER LA FARCITURA

Mettete insieme la farina di pistacchi con lo zucchero, quindi unite la cannella e l'acqua di rose e qualche cucchiaio d'acqua, se l'impasto risultasse duro. Impastate fino a ottenere un composto omogeneo e mettete da parte.

PER LA FROLLA

Preparate la pasta unendo la farina allo strutto. Appena lo strutto si sarà ben amalgamato con la farina, aggiungete lo zucchero, i tuorli e l'estratto di vaniglia. Se l'impasto vi sembrerà duro, aggiungete un paio di cucchiai di latte. Fate riposare una mezz'ora in frigorifero, quindi stendete la pasta e con un coppapasta da 10 centimetri di diametro fate dei cerchi. Se non avete il coppapasta, usate una tazza o un bicchiere. Mettete al centro di ogni sfoglia una cucchiaiata di ripieno, chiudete la pasta sigillando bene i bordi e aiutandovi con l'albume, da spennellare su uno dei lati dell'impasto. Infornate in modalità statica a 200 °C per circa 20 minuti. Appena pronti, cospargete di zucchero a velo e servite.

INGREDIENTI

Per 20/30 biscotti

PER L'IMPASTO:

500 g di farina 00
300 g di zucchero
100 g di strutto
2 tuorli
2 cucchiai di latte (se occorrono)
1 cucchiaino di estratto di vaniglia

PER LA FARCITURA:

500 g di farina di pistacchi
250 g di zucchero
½ cucchiaino di cannella
3 cucchiai di acqua di rose
Acqua qb

PER SPENNELLARE:

1 albume

PER GUARNIRE:

Zucchero a velo qb

Con lo stesso impasto del ripieno, se vi avanza, potete anche fare dei dolcetti di pistacchio senza frolla. Prendete un pochino di ripieno, lavoratelo con le mani, passatelo nello zucchero a velo e mettete in cottura nel forno statico per 15 minuti a 180 °C.

La spiaggia
Lido Fiori
a Menfi

BANANA BREAD

Livello di **difficoltà**

Schiacciare le banane!

Non ha nulla di siciliano il banana bread, ma voi sapete che mi piace spaziare e preparare tutti i tipi di ricette, qualsiasi sia la loro provenienza. Qui andiamo davvero lontano, perché il banana bread («pane alla banana») è un dolce meraviglioso nato in America, ma è talmente buono che lo si fa davvero ovunque. Nasce negli anni Trenta per riciclare le banane troppo mature ed è immancabile nei brunch di tutto il mondo così come i miei adorati pancake. Pensate che esiste anche il National Banana Bread Day, che si festeggia il 23 febbraio. Ognuno ha la propria ricetta del cuore, questa è la mia.

PREPARAZIONE

Schiacciate le banane e lasciatele da parte, quindi con l'aiuto delle fruste elettriche montate le uova con lo sciroppo d'acero, poi unite l'olio, le banane, lo yogurt e via via tutti gli altri ingredienti. Otterrete un composto bello cremoso. Per ultimo aggiungete della frutta secca (io metto noci, nocciole, anacardi, noci pecan) e mescolate con un cucchiaio. Lasciate un po' di frutta secca da parte per metterla sopra prima di infornare. Cuocete in forno a vapore per 50 minuti a 160 °C. Se non avete il forno a vapore, potete mettere nel vostro forno una ciotola d'acqua. In questo modo il dolce si mantiene morbido per diversi giorni.

Potete consumarlo così oppure con un velo di marmellata o burro di arachidi, per una colazione supergolosa. Io lo mangio al naturale. Se non avete lo sciroppo d'acero, usate lo zucchero di canna integrale, o altrimenti lo zucchero semolato... se proprio dovete!

INGREDIENTI

Per 10 persone

200 g di farina di tipo 2

50 g di fecola di patate

80 ml di olio di semi

100 ml di sciroppo d'acero

100 g di frutta secca mista

1 vasetto di yogurt al naturale (magro o intero)

2 banane mature

2 uova

1 bustina di lievito istantaneo per dolci

1 pizzico di bicarbonato

1 cucchiaino di estratto di vaniglia

1 pizzico di cannella

ANICINI

Livello di **facilità**
Estremamente facili

Dovete sapere che ho una passione folle per l'anice. Fin da bambina, quando tra le caramelle «sfuse» che c'erano a casa mia e dei miei parenti andavo a scartare sempre quelle con la carta azzurrina, che significava gusto anice! E così, crescendo, sono diventata fanatica dell'acqua e anice, che a Palermo chiamiamo «zammù», un'antichissima bevanda rinfrescante che in estate usiamo quasi abitualmente per dissetarci dalla calura. Ecco, sulla scia di questo amore nascono gli anicini, che sono davvero dei biscotti tradizionali, tipici e buonissimi. Provate a farli, e mi direte.

PREPARAZIONE

Montate con le fruste, per circa 10/15 minuti, le uova intere insieme allo zucchero fino a ottenere un composto chiaro e spumoso. Profumate con la sambuca, l'estratto di vaniglia, i semi di anice e unite a poco a poco la farina setacciata insieme all'ammoniaca per dolci, mescolando delicatamente con una spatola. Versate il composto al centro di una teglia foderata con carta forno, formando una sorta di filone (in forno si allargherà ulteriormente, fin quasi a raggiungere i bordi della teglia). Cuocete in forno caldo e statico a 180 °C per 20 minuti. Lasciate raffreddare e tagliate a metà o in tre (se li volete più piccini). Tagliate ancora ciascuna metà a fette spesse circa 3 centimetri. Disponete sulla teglia e rimettete in forno caldo a 160 °C per 15 minuti. Ripetete l'operazione nuovamente girandoli dall'altro lato.

Se volete, potete cospargerli con zucchero a velo. A me piacciono così, lisci... ma male non ci sta!

INGREDIENTI

Per circa 40 dolcetti

250 g di farina 00

200 g di zucchero

4 g di ammoniaca per dolci

5 uova

½ cucchiaino di estratto di vaniglia

1 cucchiaio di semi di anice

2 cucchiai di sambuca

SICILIA

IRIS AL FORNO A MODO MIO

Livello di **difficoltà**

Facilissimo!

Iris è sinonimo di bontà. Almeno per noi in Sicilia. È una sorta di bombolone di pasta brioche che viene fatta sia al forno che fritta e farcita. A Palermo si riempie con la crema di ricotta, a Catania e in generale nella Sicilia orientale l'ho mangiata con la crema pasticcera e al cioccolato. Questa è una versione un po' diversa,creata da me, un po' meno ricca di crema, ma sicuramente molto golosa. Per questo l'ho chiamata Iris «a modo mio», sperando che il partito delle Iris non si offenda troppo!

PREPARAZIONE

PER LA CREMA

Unite la ricotta insieme allo zucchero, mescolate e fate riposare per qualche ora (se avete tempo, fatela riposare tutta la notte in frigorifero). Quindi setacciate e, appena pronta, aggiungete le gocce di cioccolato.

PER L'IMPASTO

Sciogliete il latte tiepido con il lievito, unite le farine e a uno a uno i tuorli. Poi aggiungete lo zucchero, il miele e continuate a impastare. Fate incordare l'impasto, quindi unite 30 grammi di burro, lavorate bene per farlo assorbire e aggiungete gli altri 30 grammi. Aggiungete le scorze di mezzo limone e di mezza arancia, poi il sale. Fate raddoppiare, quindi rimpastate e fate riposare una notte in frigorifero. Togliete dal frigorifero, create delle forme da circa 80 grammi e fate lievitare ancora per un'ora. Poi spennellate con uovo e latte, pigiate al centro per formare una conca, aggiungete la crema di ricotta e infornate in modalità statica per circa 20 minuti a 180 °C. Servite spolverando con abbondante zucchero a velo.

Se volete farla ancora più golosa, potete fare un buchino sotto e con un sac à poche mettere ancora della crema all'interno.

INGREDIENTI

Per 6/8 persone

PER L'IMPASTO:

250 g di farina 00
250 g di farina manitoba
15 g di lievito
200 ml di latte
75 g di zucchero
25 g di miele
10 g di sale
60 g di burro
3 tuorli
Scorza di ½ limone
Scorza dii ½ arancia

PER LA CREMA:

500 g di ricotta di pecora
150 g di zucchero

PER GUARNIRE:

Zucchero a velo qb

RINGRAZIAMENTI

È stato un anno meraviglioso, in cui devo dire grazie alla vita per avermi dato tantissimo. Ho rinunciato a delle cose, per poter inseguire questo sogno, ma credo ne sia valsa la pena. I grazie sono sempre importanti e non sono mai così scontati. In questo libro ne raccolgo alcuni di grazie importanti, perché ho ricevuto molto bene e voglio lasciare una testimonianza qui, della mia riconoscenza. Come si dice... *verba volant, scripta manent*!

GRAZIE a Sergio per aver supportato le mie assenze e il mio lavoro. Senza di lui, non sarebbe stato possibile nulla. Ti adoro.

GRAZIE a Luca e Marco per averle sopportate, le assenze. Siete il mio cuore.

GRAZIE alla mia mamma e ai miei fratelli per esserci sempre, ogni libro è anche vostro.

GRAZIE Rossella, perché senza di te non saremmo arrivati fino a qui. Ti sarò per sempre grata.

GRAZIE alla Cairo editore per continuare a credere in me e GRAZIE a tutto il gruppo di lavoro (Aurora, Carolina, Elena, Mimmo) che mi accompagna oramai da quattro anni. Siete la colonna fondamentale di un percorso editoriale emozionante e stimolante.

GRAZIE Gesualdo, perché rinnovi sempre questa fiducia che hai voluto darmi, ben quattro anni fa. Mi hai cambiato la vita. GRAZIE per aver accettato di scrivere la prefazione di questo libro, che è il biglietto di ingresso di questo quarto figlio. Non poteva non toccare a te.

GRAZIE al team speciale di Food Network, Anna, Ana, Camilla, Elena, Laura, Mariella, Martina, Gianluca, Stefano. Siete preziosi. E grazie alla big boss Laura che anche da lontano è sempre presente.

GRAZIE Antonella per avermi dato fiducia, per avermi infuso quell'ottimismo e quella sicurezza che spesso vacillano. Essere entrata nella tua casa del Mezzogiorno per me ha del miracoloso. Era un sogno a occhi aperti, e viverlo dal vero mi provoca un'incredula emozione, anche adesso, mentre scrivo. Ti voglio tanto bene.

GRAZIE Alessandro, Antonino, Salvo & Valentino, Fausto, Silvia per avermi sostenuta in questo anno e per avermi rinnovato la fiducia di lavorare insieme. Per me è molto importante.

GRAZIE ai gruppi di lavoro dei miei programmi tv, fatti da persone instancabili e insostituibili. Quest'anno abbiamo faticato tanto, ma quando i risultati arrivano, la stanchezza è solo un lontano ricordo.

GRAZIE alle persone vere e sincere che sono al mio fianco da diverso tempo e a quelle nuove che in quest'anno si sono unite al mio cammino.

GRAZIE Angela e Marina per la vostra amicizia e per avermi reso bellina in questo libro. Non lo dimenticherò.

GRAZIE a voi, lettori, che mi avete permesso di arrivare a questo quarto libro. Non era previsto tutto ciò, avete contribuito a scrivere ancora una pagina di questa vita, che scorre veloce, impetuosa, tra discese e salite, tra mille imprevisti e tante sorprese. GRAZIE. Con tutti voi la vita è più bella.

Finito di stampare nel mese di agosto 2024
per conto di RCS MediaGroup S.p.A.,
da ERRESTAMPA,
via Portico 27, 24050 Orio al Serio (BG)
Printed in Italy